종교개혁자들과의 대화 Vol. 8
종교개혁과 문화

종교개혁자들과의 대화 Vol. 8
종교개혁과 문화

1쇄 발행 2016년 12월 29일
2쇄 인쇄 2017년 4월 4일

지은이 김재윤
펴낸이 이의현
펴낸곳 SFC출판부
등 록 제 114-90-97178
      (137-803) 서울특별시 서초구 고무래로 10-8 2층 SFC출판부
      Tel. (02)596-8493 Fax. 0505-300-5437
홈페이지 www.sfcbooks.com   **이메일** sfcbooks@sfcbooks.com

기획・편집 이의현
디자인편집 이새봄
영업마케팅 조형준
인쇄처 성광인쇄

ISBN 978-89-93325-06-1 04230

값 7,000원

© 고신Refo500준비위원회
이 책의 저작권은 저작권법에 따라 보호되므로 무단 전재와 복제를 금지합니다.

종교개혁자들과의 대화 Vol. 8
종교개혁과 문화

김재윤 지음

이 소책자는 서울서문교회의 후원으로 만들어졌습니다.

시리즈 서문

500년 전 1517년에 하나님께서는 루터와 같은 말씀의 종들을 세우셔서 거짓되고 부패한 교회를 순수한 말씀을 통해 새롭게 하셨습니다. 이 뜻깊은 해를 맞이하여 우리는 종교개혁의 정신을 정확하게 이해하고, 그것을 바탕으로 오늘의 우리를 성찰하며, 다음 세대에게 그 정신을 잘 전수할 수 있기를 간절히 기대하고 있습니다. 종교개혁이 무엇이었는가에 대한 논의는 지금까지 숱하게 이루어져 왔고 앞으로도 계속해서 연구될 겁니다. 고신레포Refo500 준비위원회는 "오직 말씀 위에 교회를!"(The Church on the Word Alone!)이라는 슬로건 하에 '성경'과 '교리'와 '역사'라는 세 가지 큰 영역을 중점적으로 살피면서 변화와 갱신의 운동인 종교개혁을 주목했습니다.

고신레포Refo500 준비위원회는 다양한 사업들 중 핵심 사업으로 『종교개혁자들과의 대화』 시리즈를 기획했습니다. 이 시리즈는 총 12권의 소책자로 구성되었는데, 종교개혁이 일으킨 변화를 예배로부터 시작하여, 교회, 역사, 교육, 가정, 정치, 경제, 문화, 학문, 교리, 과학, 선교까지 모두 12가지 영역을 다룹니다. 이 시리즈를 펴내는 이유는 먼저 종교개혁이 당시 로마교회의 미신적인 몇몇 행태를 개혁한 것이 아니라, 유럽 사회 전체를 변혁한 총체적인 개혁이었다는 것을 드러내기 위함입니다. 그리고 여기서 더 나아가 종교개혁이 당시 유럽사회를 구체적으로 어떻게 변화시켰는지 파악하고, 다음으로 이런 총체적인 개혁이 오늘날 우리에게 어떻게 적용될 수 있는지를 찾아가기 위함입니다.

종교개혁은 유럽 사회 전체와 모든 영역을 개혁한 전무후무한 말씀운동이었습니다. 그러므로 우리 스스로 종교개혁의 의의를 교회 내의 활동으로 국한시키는 어리석음을 범하지 말아야 합니다. 현대 기성 기독교인들은 물론 자라나는 기독 청소년들을 위해서도 이런 작업은 꼭 필요합니다. 우리 기독 청소년들이 교회에서 말씀을 잘 깨닫고, 그래서 사회의 어떤 영역으로 나가더라도 그 말씀을 가지고 개혁의 일꾼으로 살아갈 수 있어야 하기 때문입니다. 이 시리즈가 종교개혁이 우리 시대에 살아있는 역사로 자리매김하는 일에 조금이나마 도움이 되기를 바랍니다. 이 시리즈를 집필하느라 수고한 집필진들과 후원해준 교인들과 교회들, 그리고 출판을 책임져준 SFC출판부에게 진심으로 감사의 말씀을 전합니다.

2016년 12월
고신레포Refo500 준비위원회

목차

시리즈 서문	5
들어가면서	11

제1장 중세의 문화예술적 감성 — 31
1) 성유물 숭배 — 32
2) 하나님을 보는 것 — 34
3) 하나님을 보는 수단인 문화예술 작품 — 39
4) 보조수단인 텍스트 — 44

제2장 종교개혁자들의 문화예술적 감성 — 49
1) 성상파괴(iconoclasm) — 49
2) 성상들에 대한 칼빈의 견해 — 52
3) 르네상스의 작품들에 대한 경계 — 56
4) 칼빈의 또 다른 견해들 — 57
5) 성령님의 문화예술 작업과 그 작품인 믿음 — 63

제3장 칼빈 이후 개혁주의의 문화예술적 감성 — 69
   1) 성경, 글자 그리고 문화예술: 영국 청교도를 중심으로 — 69
   2) 17세기 네덜란드 풍경화 — 78
   3) 렘브란트 판 레인 (Rembrandt van Rijn, 1606-1669년) — 84
   4) 프랑스 위그노 건축가들 — 92

나가면서 — 103

주(註) — 109

참고문헌 — 115

Re
form
ed

들어가면서:
문화와 종교개혁

① 문화(culture)의 뜻

하나님께서는 사람을 지으시고 그를 에덴동산에 두셨습니다. 그리고 거기서 경작하라(cultivate)고 명령하셨습니다(창세기 2장 15절). 라틴어에서 '경작하다'는 *colere*인데, 이 동사가 지금 우리가 알고 있는 '문화'(culture)라는 단어의 어원입니다. 그러면 사람에게 처음 주어졌던 '문화'는 어떤 의미였을까요?

에덴동산에서 경작한다는 것은 땅을 경작하는 것, 즉 농업을 의미하는 것처럼 보입니다. 그러나 에덴동산의 구조를 보면, 꼭 농사만 해당하는 것은 아닌 것 같습니다. 왜냐하면 에덴동산을 흐르던 강을 따라가다 보면, 순금과 베델리엄(향료나 약품), 호마노(진주 같은 귀금속) 같은 농사와 전혀 상관없는 것들이 등장하기 때문입니다(창세기 2장 12절). 하나님께서 농업과 전혀 상관없는 이런 것들도 미리 배치해 두신 이유는 그것을 '경작'(cultivate)해서 삶에 관계된 일(culture)에 사용하라는 뜻이었을 겁니다.

이 말씀을 따라서 '문화'의 뜻을 생각해 보면, '문화'는 단지 농업에 해당하는 노동만이 아니라 사람이 이 땅에서 살면서 하는 모든 노동과 일을 다 포괄하는 겁니다. 적어도 에덴동산에서 주어진 말씀을 따라서 생각해 보면, '문화'는 아주 폭넓은 의미를 가질 수 있습니다. 하나님께서는 지으신 모든 피조세계를 사람에게 다스리도록 맡기셨습니다(창세기 1장 28절). 또한 그리스도인들은 새 하늘과 새 땅에서도 다스리는 일을 하게 될 겁니다(요한계시록 22장 5절). 따라서 하나님께서 맡겨주신 피조물을 다스리고 돌보고 경작하는 것과 관련된 모든 일이 인간의 문화라고 볼 수 있습니다.

이렇듯 창세기에서 '경작하다'로 나타난 문화의 의미는 사람에게 주신 모든 종류의 일들을 뜻했는데, 오늘날에는 그 안에 속해 있던 다양한 활동들과 일들이 각자 자신만의 자리를 찾아서 분리되었습니다. 예를 들어, 오늘날에는 더 이상 농업을 문화라고 생각하지 않게 되었는데, 이는 농업은 농사라고 하는 자기만의 고유한 자리를 따로 가지게 되었기 때문입니다. 마찬가지로 다른 대부분의 노동 역시 자기만의 고유한 직업적인 표현을 가지게 되었습니다. 그래서 지금은 문화가 주로 시각예술이나 음악, 춤 같은 예술적인 활동을 하거나 그것을 즐기고 감상하는 일을 의미하게 되었습니다.

문화체육관광부는 2014년부터 '문화가 있는 날'을 시행하는데, 여기서 문화가 있는 날을 실감하게 되는 것은 연극, 뮤지컬, 영화, 음악 연주회 등을 무료나 할인된 가격에 볼 수 있기 때문입니다. 물론 박물관이나 전시관도 비슷한 종류의 혜택을 볼 수 있습니다. '문화가 있는 날'에 어떤 곳에서 어떤 혜택이 있는가를 생각해보면, 지금 사람들이 문화를 어떻게 이해하는지 잘 알 수 있습니다. 문화가 있다는 것은 영화나 연극, 음악, 미술에 관련된 활동을 하고 그 결과물을 즐기는 것을 의미합니다. 그래서 지금 이 책에서 다루게 될 '문화'는 포괄적인 의미에서의 문화를 의미하기보다 지금 우리에게 친숙한 좁은 의미에서의 문화를 의미합니다. 이런 점에서 문화예술이라는 표현을 좀 더 적극적으로 사용할 겁니다.

② 종교개혁과 우리의 문화예술

2017년은 종교개혁 500주년이 되는 해입니다. 마르틴 루터(Martin Luther, 1483~1546년)라는 신학자가 1519년 독일의 비텐베르크(Wittenberg)라는 도시의 한 교회 건물에 95개 항목의 질의서를 매단 것이 종교개혁이라는 큰 역사적 흐름의 시작이 되었습니다. 이로부터 시작된 종교개혁이 서구사회와 넓은 의미의 문화에 미친 영향이 엄청나기 때문에, 로버트 너드센(Robert Knudsen, 1924~2000년)은 종교개혁이 현대 서구사회를 형성했던 주요세력 중에 한 자리를 차지한다고 단언했습니다.[1]

그렇지만 종교개혁이 지금 우리가 경험하고 있는 문화예술에 어떻게 구체적으로 녹아있는지 찾아보는 일은 쉬운 일이 아닙니다. 왜냐하면 종교개혁은 400 내지 500년 전에 일어났던 멀고 먼 시대의 이야기이기 때문입니다. 우리 역사로 치자면 조선시대, 그것도 구한말이 아니라 조선시대 초, 중기 때 일어난 일입니다. 더구나 가까운 중국이나 일본에서 일어난 일이 아니라 멀고 먼 서양에서 일어났던 일입니다. 따라서 지금 한국에서 살아가는 우리가 종교개혁 자체를 실감나게 알기는 어렵습니다. 그러니 종교개혁이 당시 문화예술에 미친 영향과 또 그 가느다란 끈이 지금 우리가 경험하고 있는 문화에 어떻게 연결되는지를 가늠하는 것은 훨씬 더 어려운 일입니다.

우리가 만나는 문화예술은 크게 한국의 고유한 것과 서양에서 수입된 것으로 나눌 수 있습니다. 한국 사람이기 때문에 한국의 전통적인 문화가 우리에게 더 친숙할 수 있지만, 사실 오늘날 우리에게는 오히려 서양에서 전통적으로 내려오던 문화가 더 큰 영향을 미치고 있습니다. 예를 들어 한국 사람들이 배우는 악기의 경우, 전통적인 한국의 악기들보다는 서양에서 온 악기들을 훨씬 많습니다. 한국화나 동양화의 경우에도 그것이 우리의 정서에 맞다고 느낄 수도 있지만, 사실 그보다는 서양화의 이론과 역사를 배우고 서양화의 기법을 사용해서 그림을 그리는 경우가 훨씬 많습니다.

물론 지금의 문화예술은 동양과 서양, 한국적인 것과 서구적인 것의 명확한 구분보다는 이 둘이 서로 합쳐지거나 어떤 것에 속했다고 할 수 없는 문화예술 형태들이 두드러지고 있습니다. 그래서 한국적인 것과 서구적인 것이 뚜렷하게 구별되지 않는 것도 사실입니다. 최근에 회자되는 '한류'도 한국인만의 고유한 정서에서 나오는 창의적인 것들만 있는 걸까 의심이 될 만큼 서양적인 것을 모방하거나 변형한 것들, 또는 혼합적인 것들이 절대적으로 많습니다.

우리는 분명 한국 사람입니다. 하지만 우리가 경험하는 문화는 한국적이다, 서구적이다 할 수 없는 매우 복합적인 성격을 가집니다. 그만큼 서양의 문화예술은 이미 우리의 삶 속에서 상당히 큰 영향력을 미치고 있습니다. 이런 시각에서 보자면, 종교개혁이 서구의 문화예술에 미친 영향력을 살펴보는 것은 지금 우리의 문화예술을 보는 데도 상당한 도움이 될 수 있습니다. 물론 서양의 문화예술이 지금 우리에게 친숙해졌고 많은 영향을 미치고 있다 하더라도, 사실 지금 우리가 접하는 서양의 문화예술에 종교개혁의 영향력이 얼마나 남아 있는가를 찾는 작업은 쉽지 않은 일입니다. 종교개혁이 추구했던 정신이 종교개혁의 본 고장인 서유럽에서조차 잊혀진 과거처럼 희미한 그림자만을 드리우고 있기 때문입니다.

③ 종교개혁은 문화발전의 방해물이었나?

더군다나 오늘날에는 종교개혁이 서구 문화예술의 발전에 큰 계기를 제공했다고 평가되지도 않는 것 같습니다. 오히려 종교개혁은 성상파괴(iconoclasm)라는 명목 아래 예술을 억압했다고 평가받습니다. 종교개혁자들이 시각예술을 장려하고 촉진했다는 기록도 찾아보기 힘듭니다. 대표적인 종교개혁자인 루터는 스스로 작곡을 하기도 했고, 칼빈(John Calvin, 1509~1564년) 역시 시편 찬송을 적극적으로 장려하기는 했지만, 둘 다 음악적으로 높이 평가받지는 못합니다. 또 종교개혁이 일어난 곳에서는 그 이전인 중세시대처럼 대규모의 건축도 진행되지 않았기 때문에, 문화예술적인 평가를 받을 만한 뚜렷한 건축물도 없는 형편입니다. 종교개혁이 근대의 인권신장, 학문의 발전, 산업의 진보 등에 결정적인 영향을 미쳤다는 사실은 일반적으로 받아들여지지만, 문화예술에 미친 영향력에 대해서는 부정적인 평가들이 주류를 이룹니다. 특히 미술, 음악에 조예가 있는 분들은 종교개혁, 그중에서도 특별히 칼빈을 따르는 종교개혁의 관점에 매우 불만스러워 합니다.

이런 평가들은 전적으로 부인하기가 어렵습니다. 심지어 어떤 면에서는 정당해 보이기까지 합니다. 그러나 문화에서 '발전'을 말할 때는 발전과 퇴보를 가늠하는 기준에 대해서 다시 한번 생각해봐야 합니다. 종교개혁 이전의 중세나 르네상스에서는 활발한 예술 활동이 있었고, 종교개혁 이후 계몽주의를 통해서 개인의 자유가 획기적으로 확장된 근대에서도 이전과는 확연히 구별되는 개인의 자유에 근거한 예술 작품들이 출현했습니다. 이를 두고 종교개혁 이전과 이

후에 문화예술이 훨씬 풍성하게 발전했다고 생각할 수도 있습니다. 하지만 이런 평가에는 거기에 합당한 기준이 있어야 합니다. 그리고 그 기준에서 문화예술의 발전과 퇴보를 이야기해야 합니다. 예를 들어, 작품의 증가, 예술인이 누리는 자유, 표현의 다양함 등이 발전의 척도로 여겨질 수 있지만, 문화예술의 발전과 퇴보는 무엇보다도 '아름다움의 증가', 곧 '미적인 가치'에 기준을 두어야 합니다.

그런데 이런 점에서 오늘날 일반적으로 받아들여지는 미적 기준이 예술적 가치를 가늠하는 정당한 표준인가에 대한 고려 없이 문화예술의 발전과 퇴보를 말하는 것은 조금은 일방적인 것이 될 수밖에 없습니다. 이런 기준을 언급하는 이유는 오늘날 우리가 어떤 기준으로 문화예술적 현상을 볼 것인가 하는 문제와도 직접적으로 연결되어 있기 때문입니다. 종교개혁의 문화예술적 공헌과 영향력에 대한 평가에는 반드시 이 기준에 대한 고려가 있어야 합니다. 우리가 그리스도인이라면 그리스도인이 가져야 할 고유한 문화예술적 가치에 대한 기준도 확립해야 하고, 나아가 그런 그리스도인의 미적 통찰력이 그리스도인들이 아닌 사람들이 주장하는 미적 가치체계와 대화하면서 보편적인 문화예술적 가치를 모색하게 하는 작업도 반드시 있어야 합니다. 이는 오늘날 우리에게 절실하게 필요한 고민이기도 합니다. 이런 점에서 이 소책자에서 다루게 될 주안점 중에 하나는 문화예술 활동이 활발했다거나 작품들이 쏟아졌다거나 하는 외적인 기준이 아니라 문화예술적 가치에 대한 것, 곧 미적인 가치에 대한 것이 될 겁니다. 그리고 종교개혁자들이 여기에 대해서 어떤 생각을 가지고 있었는가 하는 점이 될 겁니다.

④ 사실+해석=상상력

야외에서 사생대회가 열리는 것을 본 적이 있습니다. 참가한 사람들은 나무, 들판, 다리, 집, 강이 펼쳐진 곳을 보면서 열심히 그리고 있었습니다. 같은 장소에 앉아서 같은 대상을 보면서 그리지만, 하나같이 같은 장소, 같은 사물, 같은 방식으로 표현하기보다 모두 다르게 표현했습니다.

고전적 관점을 따르자면, 예술적 작업은 기본적으로 어떤 대상을 표현하는 겁니다. 그러나 같은 대상을 사람들이 모두 똑같이 표현하지는 않습니다. 왜냐하면 그 대상을 바라보는 사람들이 그것을 각자의 방식대로 다르게 해석해서 표현하기 때문입니다. 빌름 메이어(Willem Meijer)는 예술이 기본적으로 이런 해석과정을 거친다는 사실을 시대적으로 차이가 얼마 나지 않는 두 초상화를 비교하면서 설명

[그림 1] 얀 판 스코렐 (Jan van Scorel)의 <젊은 학생의 초상화>(Portret van een jong scholier)(좌), 렘브란트 (Rembrant van Rijn)의 <독서하고 있는 렘브란트의 아들 디도>(Rembrandts zoon Titus aan de lezenaar)(우)

합니다. 즉 한 그림은 1531년 르네상스 화가인 얀 판 스코렐(Jan van Scorel)이 그린 <젊은 학생의 초상화>이고,[2] 다른 한 그림은 1655년에 렘브란트(Rembrant van Rijn)가 그린 <독서하고 있는 렘브란트의 아들 디도>[3]입니다. 이 두 그림은 모두 같은 나이의 학생을 그렸습니다. 또한 둘 다 오른손에 펜을, 왼손에는 종이를 들고 있고, 같은 종류의 모자를 쓰고 있습니다. 탁자가 횡적으로 공간을 나누고 빛을 사용하고 있다는 점에서도 유사합니다. 하지만 이렇게 일치하는 부분들이 있다고 해서 이 두 작품을 비슷해 보인다고 생각하는 사람은 없을 겁니다. 두 그림은 전혀 다른 그림일 뿐 아니라 예술적 가치에서도 다릅니다.

메이어의 분석을 좀 더 살펴볼까요. 첫 번째 그림에서는 소년의 눈, 손, 옷, 그리고 다른 모든 부분에 빛이 비추고 있습니다. 각각의 부분들이 다 완성되고 충분한 것으로 표현되어 있습니다. 그리고 자신을 가르쳐 줄 선생을 주목하지 않고, 이미 종이에 자기가 쓴 에라스무스의 라틴어 텍스트 자체로 충분하다는 듯 여유 있고 자신감 있게 앞을 주시하고 있습니다. 이로써 스코렐은 완성된 확실하고 평화로운 인문주의의 인간성을 표현해 주고 있습니다. 이에 반해 두 번째 그림의 소년은 여전히 뭔가를 배우거나 고민하고 궁금해 하는 인간상을 보여줍니다. 그 소년은 방금 책을 읽은 것 같지만, 이성의 빛으로 확연하게 이해한 것이 아니라 그것을 소화하려고 애쓰는 표정을 짓고 있습니다. 손가락으로 턱을 괴고 있는 부분에서 이마에 이르는 부분까지 강력한 빛이 집중되고 있는데, 이는 어떤 완성된 상태에 이른 것이 아니라 머리속으로 궁싯거리는 중이라는 사실을 강력하게 부각시킵니다. 이는 인간이 어떤 완성된 상태나 자질을 가지고 있는 것이 아니라, 앞으로 여전히 완성되어야 할 부족한 존재라는 사실을 암시합니다.[4]

이처럼 문화예술은 단지 존재하는 어떤 것을 그대로 복

사하듯이 표현하는 것이 아니라 일종의 해석과정을 거쳐서 표현할 수밖에 없습니다. 이런 관점은 어느 시대를 막론하고 문화예술에 공통적으로 적용되는 일반적인 겁니다. 따라서 우리는 문화예술에 대해서 논할 때, 작품을 생산해내는 사람의 해석과 그렇게 해석한 그의 내면적 부분을 생각하지 않을 수 없습니다. 그 내면적 부분을 지금 시대는 흔히 '상상력'(imagination)이라고 부릅니다. 앞에서 소개한 두 그림들에서 그렇듯, 문화예술 작품에서 상상력은 항상 그 작품을 통해서 표현하고자 하는 대상의 원래 모습과 결합되어 다른 결과물을 만들어 내는 것이었습니다. 상상력이 독립적인 요인이 되어서 독자적으로 작용하는 것이 아니라 대상에 대한 해석으로 작용하는 것이었습니다. 그런데 현대에 들어오면서 상상력과 예술작품의 대상의 관계는 많이 달라졌습니다.

⑤ 현대 문화예술에서 상상력

우리가 접하는 현대 문화예술 작품들을 생각해 보면, 그 작품을 보고 '아! 이건 어떤 것을 그린 것이구나!'하고 바로 깨달을 수 있는 것들이 많지 않습니다. 왜냐하면 현대로 올수록 사실에 근거하거나 사실과 연관된 상상력은 진정한 상상력이 아니라는 생각이 팽배해졌기 때문입니다. 고전적으로 문화예술 작품을 대할 때는 작품을 생산한 사람이나 그것을 대하는 사람들 모두가 이것이 사실 자체에 대한 왜곡인가 아닌가, 작품을 통해서 표현된 사실이 믿을 수 있는가 없는가, 사실을 창조적으로 표현했는가 아닌가와 같은 틀 속에서 이해했습니다. 즉 모두가 사실과 해석의 연관성 속에서 문화예술을 대했습니다.

그러나 현대에 들어오면서는 더 이상 이런 질문들이 의미가 없게 되었습니다. 문화예술의 가장 핵심적인 가치는 창의성(creativity)입니다. 그런데 현대인들이 말하는 창의성은 어떻게 사실을 독창적으로 해석했는가 하는 점에도 있지만, 그보다 얼마나 사실 또는 현실에 없는 것을 생산했는가 하는 데 있습니다. 독일의 화가 파울 클레이(Paul Klee, 1849~1940년)는 "예술은 보이는 것을 재생하는 것이 아니라 오히려 어떤 보이는 것(새로운 것)을 생산해 내야 한다."라고 주장했습니다. 이제까지 존재하던 어떤 것을 어떻게 독창적으로 표현할 것인가가 창의성의 핵심이 아니라, 이미 존재하는 것과 상관없이 인간의 상상력이 완전히 새로운 어떤 것을 '창조'해 나가는 것이 문화예술의 목적이라는 겁니다. 창조주 하나님께서 하나님의 형상(image)인 사람을 무에서부터 만드셨듯이, 현대의 문화예술적 창작 역시 어떤 형상을 무에서 빚어내는 것(imaging)이라고 주장하는 겁니다.[5] 이와 같이 현대 문화예술은 마치 창조주가 세상을 창조하듯이, 전혀 새로운 어떤 것을 창조해내는 데 미적 가치를 두고 있습니다.

그러면 이런 생각은 어디서부터 시작되었을까요? 그것은 임마누엘 칸트(Immanuel Kant, 1724~1804년)입니다. 칸트는 마음의 지형인 상상력은 우리의 세계를 발견할 뿐만 아니라 새롭게 생산해내는 능력을 가지고 있다고 보았습니다. 그의 말을 인용해보면, "상상력은 실재가 주는 재료들로부터 다른 자연을 창조해나가는 아주 강력한 것이다. 예술가는 경험이라는 것이 너무 일상적일 때, 우리는 경험을 (수동적으로 받아들이는 것이 아니라) 변화시켜 우리 자신 스스로를 즐겁게 해야 한다."[6]라는 겁니다. 즉 칸트는 예술이 사물에 대한 이해나 인식을 통해서 알게 된 것을 다시 표현하는 것과만 연결된다면, 그것은 미적인 가치의 평가대상이 되지 못한다고 본 겁니다. 그보다 정말 중요한 미학적 가치는 우리(내면)의 상상력이라는 것에 의해서 생산된 것이며, 그래서 그것을 통해서 우리가 즐겁게 될 수 있는지 없는지의 여부에 따라서 결정되어야 한다고 본 겁니다. 이로써 현대 문화예술의 미적인 가치를 결정하는 기준인 창의성이나 창조성은, 사물과는 무관하게 우리 마음의 상상력이 '창조'해낸, 또는 다시 반복될 수 없는 독창성을 의미하게 되었습니다. 다시 말해 기존에 존재하지 않던 사실과 이미지를 우리의 마음이 창조해내는 것이 창의적이고 독창적이며, 더 높은 미적 가치를 지니는 것으로 평가하게 된 겁니다.

이제는 문화예술의 가치에 대해서 이런 기준으로 평가하는 것이 우리에게 상당히 익숙해졌습니다. 정물을 있는 그대로 정밀하게 그린 작품은 왠지 덜 예술적인 것 같은 데 반해, 피카소의 작품처럼 무엇을 표현했는지 알 듯 모를 듯 하는 작품에 더 끌리고 더 높은 가치를 주려는 경향이 있습니다. 하지만 여기서 우리가 관심을 가지는 종교개혁은 현대의 문화예술적 창조성에 대한 입장이 성립되기 이전에 일어났기 때문에, 현대가 강조하는 이런 창의성과 미적 가치에 대한 생각은 찾아보기가 어렵습니다. 이런 이유로 인해 종교개혁의 문화예술적 측면과 영향력을 더욱 더 박하게 평가하는 것이기도 합니다.

⑥ 종교개혁의 숨은 퍼즐 찾기

인간의 능동성에 근거해서 존재하지 않았던 것을 창조해

야 한다는 현대 문화예술의 가치 기준에서 보자면, 종교개혁은 비(非)문화예술적, 아니 심하게는 반(反)문화예술적이라고 할 수 있습니다. 종교개혁 초기의 대표적인 인문주의자인 에라스무스(Desiderius Erasmus)는 "루터주의가 지배하는 곳에서는 문예가 소멸한다."라고 말했습니다. 루터는 문학이 신학의 시녀라고 보았기 때문입니다. 만일 에라스무스가 문화예술적인 관심이 있었다면, 아마도 "종교개혁이 지배하는 곳에서는 문화예술이 소멸한다."라고 했을지도 모르겠습니다.

중세 시대에도 종교개혁 이전의 종교개혁이라고 불리는 운동들이 있었습니다. 예를 들어 1170년 무렵 프랑스의 왈도(P. Valdo)에 의해서 시작되어 16, 17세기에 엄청난 박해를 받은 왈도파나 14, 15세기의 위클리프(John Wicliffe)파, 그리고 보헤미아 지역에서 일어났던 후스(Jan Huss)파 운동들입니다. 그런데 이런 운동들은 모두 성상파괴적인 양상을 띠었습니다. 루터 역시 조형예술 작품에는 칭찬할 만한 것이 없다고 보았습니다. 심지어 종교적이라고 보기 힘든 르네상스의 종교화만이 아니라 미술을 통해서 종교적인 감정을 밖으로 표현할 수 있다는 사실 그 자체를 우상숭배와 연결시켰습니다. 또 다른 종교개혁자인 카를슈타트(A.

Karlstadt)는 1521년에 비텐베르크에서 성자상을 불태웠고, 츠빙글리(U. Zwingli)도 1524년에 취리히 시 당국을 설득해 교회에서 모든 미술작품을 떼어내어 파괴하도록 했습니다. 이와 같이 인간의 상상력이 만들어낸 창의성만이 아니라 심지어 종교적인 감정을 표현하는 것조차도 상당히 위험한 것으로 여긴 종교개혁의 전반적인 경향은, 현대의 문화예술적 기준에서 보자면 결코 긍정적일 수 없는 부분이 있습니다.

그렇다면 정말로 종교개혁이 문화예술의 암흑기였던 걸까요? 현대 문화예술적 가치 기준이 아닌 다른 어떤 미적 기준에 근거해 종교개혁의 문화예술적 가치를 발견해 볼 수 있는 여지는 없는 걸까요? 다시 말해 현대 정신이 우리에게 강요하는 문화예술적 관점을 대체할만한 기독교적인 어떤 대안을 종교개혁으로부터 찾을 수는 없는 걸까요?

이런 몇 가지 질문 아래 이 소책자에서는 먼저 중세의 문화예술과 그 가치기준부터 살펴보려 합니다(1장). 여기서 핵심적인 질문은 진정한 창의성과 진정한 문화예술적 또는 미적 가치는 무엇인가입니다. 이를 위해 크게 보면 같은 기독교 신학을 기초로 하지만, 종교개혁의 입장이 어떤 점에서 독특한가를 역사적인 정황 속에서 드러내는 것에서 시작하고자 합니다. 그런 다음 조금 범위를 좁혀서 종교개혁의 신학적 입장을 칼빈을 중심으로 정리할 겁니다(2장). 그리고 그의 신학이 어떤 점에서 문화예술적 부분에 영향을 줄 수 있는지를 살필 겁니다. 이어서 칼빈 이후의 신학과 그 신학과 함께 싹튼 몇몇 주목할 만한 문화예술의 발자취를 추적해 보려고 합니다(3장).

제1장

중세의
문화예술적 감성

    종교개혁은 근본적으로 로마교회 안에서 시작된 교회개혁이었습니다. 그런데 로마교회는 사실 중세 천 년을 지배한 그 시대정신의 뿌리요 전부라고 해도 과언이 아닙니다. 그런 점에서 종교개혁은 일차적으로 로마교회가 믿었던 교리와 거기서 비롯된 실천을 거부한 것이지만, 결과적으로는 신앙의 영역에서만이 아니라 로마교회가 형성한 중세의 사상과 문화예술 전반에 대해 새로운 길을 열게 되었습니다. 이 소책자에서는 후자에 초점을 맞춰 살펴보려 합니다. 그런데 종교개혁의 문화예술적인 면을 알기 위해서는 바로 직전의 중세가 가진 문화예술적 성격을 알아야 합니다. 그래야만 종교개혁이 중세 안에서 출발했지만, 어떻게 중세와

차별화하면서 나아갔는가를 알 수 있기 때문입니다.

1) 성유물 숭배

우리는 골짜기 길을 두 시간 걸어서 예수님의 육신의 조모인 성 안나의 사당에 갔다. 독실한 신자인 어머니가 나를 높이 올려주었다. 나는 촛불과 화환과 숭배하는 순례자들의 얼굴에 둘러싸여 황금 관 속에 누워 있는 성 안나의 유골에 입을 맞췄다. 안나의 유골은 매우 귀한 성유물이라고 했다. 그 사당은 항상 북적거렸다. 물론 누아용(칼빈의 고향)에도 성유물이 있었는데, 모두들 유물을 실물처럼 정성껏 섬겼다. 당시 사람들은 무엇이나 다 믿을 태세였다. 세례요한의 머리카락, 예수님의 치아, 구약의 만나 조각, 오천 명을 먹이시던 빵 부스러기라고 추정하는 물건들이 있었다. 성당 안에는 가시관 조각도 놓여 있었다.[7]

칼빈은 자신의 어린 시절을 회상하면서 순례의 기억을 위와 같이 풀어냅니다. 종교개혁의 대표적인 인물이었던 그도 어린 시절에는 어머니를 따라서 다양한 성유물에 경배했습니다. 칼빈만이 아니라 종교개혁에 참여했던 대부분의 사람들이 어린 시절 이런 것들에 매우 익숙했을 겁니다.

칼빈이 제네바에서 잠시 쫓겨나서 머물렀던 스트라스부르라는 도시가 있습니다. 그 도시에는 1478년부터 1510년까지 개혁주의적 입장을 가진 목사로 설교했던 카이절스베르크(Geiler von Kaysersberg)라는 인물이 있었습니다. 그런데 그는 비록 신학적으로는 종교개혁의 입장을 따랐지만, 성도들에게 값싼 성물들을 사서 신앙을 확고히 하는 데 사용하라고 권하는가 하면, 자신도 설교단에 올라가기 전에 성모상에 무릎을 꿇고 절을 한 뒤 설교를 시작했습니다. 그의 설교 중에는 다음과 같은 것도 있었습니다.

> 만약 당신이 읽지 못한다면, 마리아와 엘리사벳의 이런 그림을 돈을 주고 구입하십시오. 그리고 그 그림을 보면서 그들이 얼마나 행복했는지 그리고 얼마나 좋은 것들을 나누었는지를 생각하십시오. 그런 후에 당신 자신을 그들에게 보인 후, 그 그림의 종이에 입 맞추고 그 그림에 절하고 무릎을 꿇으십시오.[8]

이런 종교개혁자들의 경험은, 중세에서는 다양한 시각적

인 이미지들이 예배와 가르침을 위해서 광범위하게 사용되었음을 알게 해줍니다. 지금도 로마교회 교인들이 주로 찾는 방문지에는 이런 유물들과 조각들, 그림들이 많습니다. 그리고 접촉이 허용된 곳에 있는 조각들은 손이 하도 많이 닿아서 색이 하얗게 변하거나 색이 없는 경우에는 반질반질하게 된 것을 볼 수 있습니다. 그런 조각들을 만지거나 보면서 눈물을 흘리거나 깊은 묵상에 잠기는 분들도 많습니다. 중세에는(그리고 지금의 로마교회에는) 왜 이렇게 많은 이미지들과 조각들, 그림들, 성유물들이 성도들의 신앙을 위해서 동원되었던 걸까요?

2) 하나님을 보는 것

이에 답하기 위해서는 중세 사람들이 가졌던 기본적인 생각의 틀을 이해할 필요가 있습니다(이는 히포의 아우구스티누스의 사상에서 비롯되었다고 할 수 있습니다).

일반적으로 우리가 경험하는 물질적인 세계의 사물들은 그 안에 어떤 것을 상징하는 잠재력을 내포하고 있습니다. 그리고 인간의 마음은 그 같이 잠재되어 있는 상징들을 이해하는 통찰력이 있어서, 사물들을 볼 때 단지 겉으로 보이는 사물들만 보는 것이 아니라 그 안에 잠재되어 있는 상징까지 볼 수 있습니다. 아우구스티누스는 이를 사물(Thing)과 표지(Sign)라고 표현했습니다. 즉 사물들은 그냥 사물 그 자체로 그치는 것이 아니라 그 안에 어떤 상징들을 가지고 있다는 겁니다. 이런 관점에서 아우구스티누스는 "모든 기독교적인 가르침은 존재 그 자체이거나(things) 혹은 표지들(signs)과 관련된다. 진정한 존재 자체는 표지들에 의해서 알 수 있다."[9]고 말했습니다.

여기서 '표지'라는 것은 단지 우리가 감각하고 있는 사물에 대한 인상 그 너머에 있는 어떤 것을 생각하게 해 주는 코드입니다. 그런데 아우구스티누스의 경우, 그가 말하는 그 너머에 있는 존재, 또는 '표지'를 통해 알 수 있는 존재는 바로 하나님입니다. 즉 하나님께서는 우리가 감각하는 사물 그 자체로부터 그 안에 있는 신적인 것을 알도록 하고, 그래서 결과적으로 사물이 표지가 될 수 있도록 실재세계를 구성하셨다는 겁니다. 이렇게 해서 신적인 것 또는 하나님의 것들을 우리의 감각으로는 직접 볼 수 없지만, 표지들을 통해서 그것들을 어렴풋이 볼 수 있게 하셨다는 겁니다. 다시 말해 육체적이고 임시적인 것들을 통해서 영원하고 영적인 것들을 이해할 수 있게 하신 겁니다.

그렇다면 존재하는 모든 사물이 다 하나님을 알게 해 주는 표지를 그 안에 가지고 있는 걸까요? 물론 그럴 경우 성경이 경고하는 우상숭배로 갈 가능성이 많습니다. 즉 우리가 사물에 있는 표지만을 주목하게 되면, 그 표지나 사물 자체를 중요시하고 숭배하게 될 가능성이 많게 된다는 겁니다. 이런 점에서 아우구스티누스가 말한 것은 표지 자체를 숭배하는 것이 아니라 그 표지가 가리키는 그 너머의 것을 알아야 한다는 겁니다.

> 나타난 사물이 지칭하고 있는 바를 모르고 그 사물 자체를 사용하고 경배하는 것은 어떤 표지에 노예가 된 사람입니다. 그러나 다음과 같은 사람은 영적이고 자유한 사람입니다. 어떤 사람이 하나님으로부터 신적으로 주어진 유용한 표지를, 그 표시하고 있는 힘을 이해하고 사용하거나 신뢰하는 것은 단지 그가 감각적으로 보는 것과 그냥 지나가고 사라질 것들을 경배하는 것이 아닙니다. 그는 이 모든 사물들이 진정으로 관련되어 있는 바로 그 존재(하나님)를 경배하고 있는 것입니다.[10]

우리가 어떤 것을 본다는 것은 단지 시각적인 의미, 육적인 의미에서만 그치는 것이 아닙니다. 우리는 그것을 영적으로, 또한 지적으로 보게 되고, 거기서부터 영적이며 지적인 것을 취하게 됩니다. 즉 비록 유비적이고 상징적이긴 하지만, 그 보이는 사물 너머에 있는 하나님의 실재를 붙잡을 수 있는 '봄'(seeing)이 필요하다는 겁니다. 따라서 외적으로 존재하는 사물의 가장 중요한 목적은 하나님의 존재를 우리의 마음으로 볼 수 있도록 자극해주는 겁니다.

조금 다른 맥락이긴 하지만, 중세의 세계관이 많은 변화를 겪은 것은 과학의 진보 때문이었습니다. 예를 들어, 프란시스 베이컨(Francis Bacon, 1561~1626년)이 '가설연역법'이라는 새로운 방법론을 제시했는데, 이는 어떤 가설에 근거해 실험하고 관찰하는 것을 강조한 것이었습니다. 사실 중세 사람들은 실험을 멀리했습니다. 아니 죄악시했습니다. 세상은 세상 밖에서 혹은 사물 자체의 내부에서 하나님의 힘이 작용하고 있다고 믿었습니다. 세상에는 아주 낮은 단계부터 아주 높은 단계까지 하나님의 신성을 나타내는 사물이 등급별로 존재하고, 그렇게 정해진 질서를 따라 운행된다고 믿었습니다. 따라서 사물 안에서 신적인 질서나 힘을 보고 그 너머에 있는 신적인 존재를 깨달으면 되는 것이지, 실험하고 관찰한다는 것은 사물을 주신 목적에 어긋난다고 생각했던 겁니다.[11]

중세 사람들의 생각을 집약적으로 표현해준 사람이 토마스 아퀴나스(Thomas Aquinas, 1225~1274년)라는 신학자입니다. 그는 하나님을 '보는 것'이 인생의 최고의 목적, 최고의 복이라고 말했습니다. 그리고 보는 것은 육적인 감각이 아니라 지적인(intellectual) 앎이라고 말했습니다. 물론 우리가 지적으로 하나님의 본질을 아는 것은 우리가 지닌 자연적 능력으로는 불가능합니다. 이를 위해서는 우리 외부에서 주어지는 은혜가 필요하며, 결국에는 천국에서야 완전하게 주어질 수 있습니다. 그렇다면 이 땅에 사는 동안 우리가 하나님의 본질을 '보는 것'이 어떻게 가능할까요?

> 물질적인 사물들의 모양과의 비교를 통해서 하나님과 영적인 진리들을 추구하는 것은 성경의 가르침에 합당한 것입니다. 왜냐하면 하나님께서는 그것의 본질에 맞는 능력들에 따라서 모든 것들을 제공하시기 때문입니다. 감각적인 것들을 통해서 지적인 진리를 얻게 되는 것은 사람에게 아주 본성적인 것입니다. 우리의 모든 지식은 감각에서부터 오기 때문입니다.[12]

이와 같은 중세의 신학자들의 관점에는 하나님이나 어

떤 신적인 실재를 철저하게 사물들과 분리시키는 현대의 문화예술적 관점과 달리, 참으로 진지한 그리스도인의 관점이 묻어 있습니다. 성경 역시 만물에 하나님을 알 만한 것이 있으며, 보이지 않는 하나님의 신성과 능력이 만물에 분명히 드러난다(로마서 1장 21, 25절)고 말하기 때문입니다. 그렇다면 이런 중세의 생각이 문화예술적 작업에는 어떻게 반영되었을까요?

3) 하나님을 보는 수단인 문화예술 작품

중세의 모습을 잘 알게 해주는 자료 중에 하나가 움베르토 에코(Umberto Eco, 1932~2016년)가 쓴 『장미의 이름』이라는 저서입니다. 물론 이 저서는 허구의 소설이지만, 움베르토 에코라는 걸출한 중세연구자가 썼기 때문에 무엇보다도 신뢰할 만한 중세의 안내서이기도 합니다. 에코는 중세의 수도원 건물을 다음과 같이 묘사했습니다.

> 세 줄로 나 있는 창문은 건물 전면의 삼위일체의 조화를 표상하고 있어서, 땅에서는 물리적인 정방형 형태가 하늘에서는 정신적인 삼각형 형태로 변전된 형국이었다. 가까이 다가감에 따라 우리는 그 사각 형태안의 각 모서

리마다 7각 기둥 탑이 달여 있다는 것을 알았다. 탑의 다섯 면은 밖에서도 보였다. 즉 네 개의 작은 7각 기둥을 사방으로 거느린 큰 8각 기둥의 여덟 모서리 중 네 개가 밖에서는 5각의 건조물로 보였다는 것이다.

수도원 건물과 그 건물의 세부적인 사항들이 모두 숫자와 연결되어 있습니다. 창문, 기둥, 기둥 안의 탑들을 구성하는 숫자들은 모두 신적인 것들을 상징하기 위해서 의도적으로 배치되었습니다. 창문을 세 줄로 나게 한 것은 삼위일체 하나님이라는 실재를 상징했고, 4라는 숫자는 사각형의 완성된 숫자인 동시에 복음서의 숫자를 상징했고, 5는 세계를 나눈 대륙의 숫자를 상징했고, 7은 요한계시록에 나오는 일곱 교회와 일곱 영을 상징했습니다. 이렇듯 중세에는 건물이라는 객관적인 하나의 사물을 건축할 때도 가장 신경을 쓴 것이, 실용성이나 인간의 창조적인 아이디어가 아니라 신적인 것을 상징하도록 하는 것이었습니다. 즉 시각적으로는 건물을 보더라도 마음의 눈으로는 영원하고 영적인 것을 볼 수 있도록 돕는 것이 최고의 목적이었습니다.

그리스도인의 시각에서 보자면, 중세 사람들은 정말 영원하고 영적인 것을 사랑했고, 모든 사물에서 그 상징을 찾으려고 노력했음을 알 수 있습니다. 또한 문화예술 작품에서도 이런 신적인 상징들을 드러내거나 심어두는 데 심혈을 기울였습니다. 그러나 중세 초기에 기독교 복음이 유럽 전체에 전해지면서 예상치 못한 결과를 낳기 시작했습니다. 부적이나 신들을 섬기는 제단들, 축귀와 병을 낫게 하는 이교적 풍습과 시각적인 것들을 통해서 영원하고 신적인 것을 알 수 있다는 생각이 결합되기 시작한 겁니다. 예를 들어, 601년에 영국의 선교지에 보내는 편지에 교황 그레고리우스(Gregory I, 540~604년)는 다음과 같이 썼습니다.

> 우상 신전들을 영국에서 다 파괴해야 한다. 그러나 그 안에 있는 우상들만 제거해야 한다. 거룩한 물을 버리지 말고 보관한 후 성지에 뿌려라. 제단을 짓고 성유물들을 그 안에 두어라. 사단을 숭배하던 곳을 참된 하나님을 섬기는 곳으로 바꿔 나가라. 이제 그들은 보게 될 것이다. 그리고 인식을 바꾸게 될 것이다. 이곳이 이제는 참된 하나님을 예배하는 곳이라는 사실을 …….[13]

당시 사람들은 순교자들의 무덤이나 그들의 성유물이 남아있다고 믿는 지역으로 순례의 길을 떠났습니다. 그리고 그런 곳들마다 제단들이 세워졌습니다. 성유물이나 그림, 모자이크, 조각상 등이 참되신 하나님을 '보는 데' 매우 유용하고 긍정적인 가치가 있다고 믿었습니다. 이 같은 중세의 문화예술적 감성을 조금 폄하해서 말하자면, 만약 모든 사람이 글을 읽고 추상적으로 사고할 수 있었다면, 문화예술은 전혀 쓸모없는 것이 되고 말았을 것이라고 할 수도 있습니다. 그래서 두란두스(Durandus de Troarn, 1012~1089년)라는 스콜라 신학자는 "교회의 그림과 장식은 민중을 위한 강의이고 독서입니다."라는 말을 남겼습니다. 이런 점에서 모든 존재하는 사물들에서 하나님과 영적인 것을 보는 것이 문화예술 작품의 최종적인 목적이라면, 결국 예술 작품은 오로지 교리의 주입수단에 불과한 것이라는 후대의 평가도 가능하게 됩니다. 물론 이런 평가는 문화예술적 가치가 하나님이나 영적인 실재와는 상관없는 창의성에 있다고 믿는 현대 문화예술적 가치에서 볼 때 그렇다는 말입니다. 이와 달리 그리스도인의 입장에서 보자면, 크게 문제될 것이 있을까 하는 생각도 가질 수 있습니다.

그런데 중세에 실제로 일어난 일들은 매우 우려할만한 것들이었습니다. 그들은 문화예술 작품이 단지 교육수단이었을 뿐 아니라 실재하는 하나님의 실체를 담고 있다고 믿었습니다. 왜냐하면 성유물과 조각상, 그림들 자체가 영적이고 신적인 실재를 가진다고 확신했기 때문입니다. 이런 확신은 예수님의 몸에 대한 중세 로마교회의 일련의 공적인 결정들로 인해 더 강화되었습니다. 예를 들어, 1215년에 로마의 라테란 교황궁에서 개최된 제4차 라테란 공의회는 성례전에서 빵과 포도주는 예수님의 몸과 피로 본질적으로 변한다(transsubtantiation)는 주장을 공식화했습니다. 즉 제4차 라테란 공의회 신경 1조를 보면, 제단에서 이루어지는 성례전에서 하나님의 능력이 예수님의 몸과 피에 임해서 빵과 포도주의 모양으로 존재한다고 말합니다. 그리고 예수님께서 사도들과 그 후계자들에게 주신 교회의 열쇠를 따라 서품된 사제들만이 이 효력을 가능하게 한다고 선언합니다. 혹시 쥐가 성례전을 위해서 준비된 빵을 먹었다면 반드시 잡아서 불태워 죽여야 한다고 가르칠 정도였는데, 이때부터 빵과 포도주를 예수님의 몸과 피와 본질적으로 같다고 보았습니다.

이런 결정은 이후 중세의 미사뿐 아니라 문화예술 작품에도 영향을 미쳤습니다. 미리 루빈(Miri Lubin)은 제4차 라테란 공의회의 결정이 성상과 문화예술 작품에서 예수의 몸(*Corpus Christi*)에 대한 하나의 큰 문화로 자리 잡았다고 분석했습니다.[14] 빵과 포도주만이 아니라 성상, 조각, 그림들 속의 예수님도 실재 예수님과 동일한 본질을 가진 것으로 여겼다는 겁니다. 이로써 글을 읽지 못하는 무지한 사람들을 교육하기 위해서 조각, 성유물, 그림들을 사용할 수 있다는 주장에 머문 것이 아니라, 이런 것들이 가지고 있는 영적이고 신적인 실재성을 강조하게 되었습니다. 이제 중세에서 성상, 조각들, 문화 예술작품들은 그 자체로 숭배의 대상이 되었습니다.

4) 보조수단인 텍스트

그렇다면 시각적인 것 외에 듣고 읽는 것은 하나님을 보는 데 전혀 역할을 하지 못했을까요? 마이클 케밀(Michael Camille)은 중세의 전통에서 중요한 역할을 한 '렉시오 디비나'(lectio divina)를 예로 듭니다. 중세의 신학교육은 텍스트를 읽고 강독하는 과정과 그 강독한 것을 말로 토론하고 설교하는 세 단계를 거쳤습니다. 이를 '렉시오 디비나'라고 불렀는데, 이런 과정은 시각적 이미지가 전혀 없이 이루어졌습니다.[15] 다시 말해 단지 시각적인 이미지만을 통해서 하나님 또는 영적인 것을 찾은 것이 아니라 듣고 읽는 것도 매우 결정적인 역할을 했다는 겁니다.

그러나 이런 일들은 소수의 사람들에게서만 이루어졌습니다. 대부분의 사람들에게 있어 진정한 진리를 보는 것은 여전히 물질적인 사물들과 시각적인 이미지를 통해서였습니다. 물론 15세기에 이르면, 이런 중세적인 관점에도 변화가 일어나는 것을 다음에서 찾아볼 수 있습니다. 점차 글이 적힌 책의 비중이 높아진 겁니다.

> 가장 미적으로 낮은 가치를 가진 문서는 천박한 사람들을 위한 것입니다. 그것은 그림들이죠. 두 번째는 중간 정도 가는 사람들을 위한 중간 정도의 문서인데 기록된 책들입니다. 물론 두 번째는 첫 번째보다 나은 것입니다. 세 번째는 구술된 문서들입니다. 이는 학식있는 사람들이나 다른 사람을 가르치는 사람들을 위한 것입니다. 세 번째는 첫 두 문서들보다 우월합니다. 마지막 네 번째로 마음의 문자가 있습니다. 하나님께서는 묵상하고자 하는 사람들의 내면을 위해서 이를 배치해 두셨습니다. 이는 좀 더 완벽한 것입니다.[16]

문화예술 작품보다 글로 적힌 텍스트가 훨씬 더 우월하다는 생각은 중세에서 종교개혁으로 전환되는 가장 큰 변화

중 하나라고 할 수 있습니다. 그러면 이런 생각의 변화가 문화예술에는 어떤 영향을 주게 되었을까요?

◈ 토론을 위한 질문 ◈

1) 종교개혁이 일어나기 전 중세사회에서 성유물에 대한 숭배의 상황은 어떠했나요?

2) 중세 로마교회가 그림, 조각상 등을 많이 사용한 배경은 무엇이며, 이것이 잘못된 방법으로 사용된 점들은 무엇인가요?

Re
form
ed

제2장
종교개혁자들의 문화예술적 감성

1) 성상파괴(iconoclasm)

> 내가 처음 이 교회에 도착했을 때 내가 할 수 있는 일은 없었습니다. 그들은 설교하고 있었을 뿐 그것이 전부였습니다. 그들은 우상들을 찾아내서 불태우고 있지만 교회개혁이 있지는 않았습니다. 모든 것들은 혼란 속에 있었습니다.

이는 1536년에 제네바에 도착한 칼빈이 느낀 감정이었습니다. 여기서 우리는 두 가지 사실을 확인할 수 있는데, 첫째는 종교개혁을 따르던 곳에서는 중세 로마교회의 건물 안에 있던 성유물, 조각상, 그림들을 허물어내고 있었다는 점입니다. 1535년 8월 8일에 칼빈의 선배격인 기욤 파렐(Guillaume Farel, 1489~1565년)은 이미 제네바의 성 베드로 교회에서 설교를 시작했습니다. 그리고 이때에 맞춰서 성상들이 제거되었습니다. 당시 그들은 '이것들이 하나님의 말씀과 모순되이 만들어졌다'고 믿었습니다.[17] 칼빈이 사역을 시작하기도 전에 이미 이런 일들이 진행되고 있었습니다. 둘째는 칼빈은 단지 이런 허물어내는 작업을 종교개혁 혹은 교회개혁으로 보지는 않았다는 점입니다. 물론 그가 성상파괴를 반대한 것은 아닙니다. 아니, 적극적으로 지지했습니다. 하지만 그렇다고 해서 그가 이 일에 주도적이 되거나 이것이 교회개혁의 긴급한 숙제라고 생각한 것은 아닙니다.

그러나 칼빈보다 앞선 종교개혁자인 루터와 츠빙글리는 이 점에서 다른 입장을 보였습니다. 물론 그들이 의미 있고 독립적인 문화예술 활동을 하거나 그런 작업에 몰두한 것은 아닙니다. 다만 문화예술에 대한 그들의 관점만을 확인할 수 있을 뿐입니다. 루터는 성상을 두고 그것을 경배하는 것에 몰두하는 로마교회의 풍습에 우상숭배적인 요소가 있음을 분명히 지적했습니다. 성상과 성유물을 섬기기 위해서 행해지는 순례와 미사들이 그런 행동으로 하나님의 자비를 얻을 수 있다는 공로사상으로 연결되는 것을 매우 경계했습니다. 무엇보다 오직 예수 그리스도와 그분의 구원에서만 하나님을 볼 수 있다는 점도 강조했습니다. 그러나 루터는 그의 성찬론에서 비록 예수님께서 하나님의 우편에 계시지만 동시에 예수님의 몸은 어느 곳에나 임재한다고 주장했다는 점에서, 중세 로마교회의 성찬론에서 철저하게 벗어나지는 않았습니다.

이런 루터의 관점은 성상과 성유물, 그림들에 대해서도 비슷하게 나타납니다. 즉 루터는 설교되고 기록된 하나님의 말씀 외에 다른 문제들은 모두 가치중립적인 것이기 때문에, 성상들이나 그림, 조각들 자체에 문제가 있다고 하지는 않았습니다. 오히려 때로는 그것들이 가진 역할에 어느 정도 긍정적인 말을 하기도 했습니다. 즉 하나님을 보는 일로서 그리스도와 설교된 말씀을 강조하는 한편, 성상, 그림들, 성유물에 대해서는 종교개혁의 중요한 주제가 아니기 때문에 그냥 그대로 두는 것에 반대하지도 않았던 겁니다.

이에 비해 츠빙글리는 훨씬 더 분명한 입장을 지녔습니다. 즉 그는 중세를 지배했던 하나님과 세상의 상징적이고 표지적인 연결을 완전하게 거부했습니다. 그리스도를 증언하는 하나님의 말씀을 통해서 우리의 심령과 마음에 일어나는 믿음만이 하나님과 그리스도를 우리와 연결하는 배타적인 수단이라고 주장했습니다. 참된 신앙의 최고의 상징은 보는 것이 아니라 들리는 말씀뿐입니다. 반대로 잘못된 신앙의 상징은 볼 수 있는 시각적인 형상들이라고 분명하게 구분했습니다. 츠빙글리의 이런 입장이 사실상 이후 종교개혁의 상상력에 대한 방향성을 결정지었습니다.

2) 성상들에 대한 칼빈의 견해

종교개혁이 진행되면서 성경이라는 책 이외의 모든 시각적인 형상들은 무의미하게 여겨졌습니다. 칼빈이 제네바에 오기 전에 이미 제네바에서도 성상들과 미신적인 그림, 조각들은 정리가 된 상태였습니다. 이제 개신교, 특히 츠빙글리 이후 종교개혁의 입장에 선 교회들에서는 문화예술적인 어떤 것을 적극적으로 제작하거나 만들려는 운동이 일어나지 않았습니다. 문화예술적 발전이라는 관점에서 보자면, 퇴보의 시기라고 여겨질 만도 했습니다.

비록 츠빙글리 이후 칼빈과 그 다음 세대의 종교개혁자들에게서도 적극적인 문화예술의 부흥을 찾아볼 수는 없지만, 그래도 이들이 가진 생각들이 어떠했는지를 살펴보는 것은 이후 세대의 개혁주의 진영에서 발생하게 된 문화예술을 이해하는 데 도움이 됩니다. 먼저 여기서는 존 칼빈의 입장을 집중적으로 조명해보겠습니다. 케류 헌트(R. N. Carew Hunt)의 경우에는 칼빈이 형상들만이 아니라 문화예술 작품 전반에 대해서도 절대적으로 부정적인 입장이었다고 말합니다.

> 일반적으로 문화예술의 기능은 기쁨과 즐거움을 주는 것이다.[18] 그렇기 때문에 (칼빈에게는) 이런 예술이 받아들여지기 힘들다. 왜냐하면 (칼빈에게는) 하나님과 그리고 사회에서 유용하다는 이유로 주어지는 그런 종류의 즐거움 외에는 비난받아야 하기 때문이다. 지식이 몇 가지 실용적인 목적에 기여하지 않는 한, 그것은 의심을 초래한다. 따라서 예술적 표현이 나타나는 모든 경우에는 이런 의심과 연결될 수밖에 없다. (종교적, 사회유익적인 쓸모가 없는) 예술에 대해서는 적대감을 가질 수밖에 없다.[19]

헌트의 주장에 따르면, 칼빈은 예술의 기능을 즐거움을 위한 것이라고 보았기 때문에 그것은 하나님께서 주시는 참된 기쁨과 관련이 없다고 생각했습니다. 또한 문화예술의 기능은 공동체의 유익에서 오는 기쁨과도 관련이 없는 것으로 보았기 때문에, 칼빈은 근본적으로 모든 문화예술에 대해서 적대적이었다는 겁니다.

물론 이런 입장에 대한 반론도 만만치 않지만, 기본적으로 칼빈은 형상물에 대해서 분명하게 반대의 입장을 취했습니다. 예를 들어, 칼빈은 주후 305년에 있었던 엘리바 교회회의의 결정, 즉 교회당 안에 형상이 있어서는 안 되며, 예배를 받거나 찬양받을 대상을 벽에 그려서는 안 된다는 결정을 상기시켰습니다.[20] 이처럼 초대교회의 이른 시기부터 형상들을 금지했다는 겁니다. 더불어 이와 함께 창세기 31장 19절에서 라헬이 아버지의 우상을 훔쳤다는 부분을 언급하면서, 칼빈은 '인간의 본성은 우상은 만들어내는 영원한 공장'[21]이라는 의미심장한 말을 남겼습니다. 그런데 그가 어떤 형태의 형상이든지 절대적으로 반대한 이유는 그것이 예배가 되기 때문이었습니다. 이에 대해 칼빈은 "인간이 형상 속에서 하나님을 본다고 생각하게 되면, 역시 하나님을 형상으로 예배하게 되기 때문입니다."[22]라고 말했습니다. 이어서 그는 중세 로마교회가 형상을 예배하는 것을 2계명, 즉 "너는 자기를 위하여 새긴 우상을 만들지 말고 위로 하늘에 있는 것이나 아래로 땅에 있는 것이나 땅 밑 물속에 있는 것의 어떤 형상도 만들지 말며 그것들에게 절하지 말며 그것을 섬기지 말라"라는 계명을 어기는 것으로 보았습니다.

칼빈은 당시 로마교회가 주장하던 부분을 좀 더 세밀하게 다뤘습니다. 즉 교황주의자들(칼빈은 당시 로마교회를 자주 이렇게 불렀습니다)은 봉사(*servitium*)와 예배(*cultus*)를 구별하여, 성자들이나 성자들을 새겨놓은 성상들에 대해서는 예배하는 것이 아니라 그것보다 등급이 낮은 섬김을 하는 것이라고 했습니다. 즉 섬김을 하나님께 드리는 예배와 동일하게 생각하면 안 된다는 것이었습니다. 이에 대해 칼빈은 사도행전에서 고넬료가 베드로에게 절했을 때, 베드로가 당장 일어나라고 하면서 자신도 사람이라고 말한 것을 언급했습니다(사도행전 10장 25절). 즉 고넬료가 베드로를 하나님이라고 생각하고 절한 것이 아니었는데도, 베드로는 이를 거부하고 고넬료를 일으켰음을 주지시키면서, 예배와 봉사(단지 절하는 것)가 다르기 때문에 성자들이나 성상들 혹은 예수님을 그린 그림에 절하는 것이 합당하다는 로마교회의 논리를 배척했습니다.[23]

이와 같이 칼빈은 당시 로마교회가 절하기 위해서 만든 모든 종류의 문화예술 작품에 대해서 명백하게 반대했습니다. 이로써 성경에 나오는 사도들과 선지자들의 그림이나 조각상, 예수님과 마리아를 그린 그림들, 그 외 수 없이 많은 성유물들이 적어도 개혁교회의 공적인 자리에서는 사라졌습니다.

3) 르네상스의 작품들에 대한 경계

칼빈이 살았던 시기는 르네상스의 시대였습니다. 당시에는 인간의 아름다움이 예술과 문화의 중심으로 떠오르고, 고대 그리스-로마 문헌들에 열광하는 인문주의의 바람이 불었습니다. 이 같은 르네상스의 문화예술 가운데는 오늘날에도 명작들로 평가받는 작품들이 많습니다.

그런데 칼빈의 경우에는 교회 건물 안에 예배의 대상으로 있었던 문화예술 작품들만이 아니라 르네상스의 일반적인 문화예술 작업들에 대해서도 강하게 반대했습니다. 다만 그가 제시한 몇 가지 반대 이유에 대해서는 눈여겨볼 필요가 있습니다. 먼저 칼빈이 반대한 것은 바라즈(Varazze)의 야콥이 남긴 사실적이지 않은 그림이나 조각들과 같은 작품들이었습니다. 이런 작품들에는 성경에 나와 있는 사실과 사실이 아닌 것들이 혼합되어 표현되었기 때문입니다. 칼빈은 이런 르네상스의 작품들이 성경의 진리를 왜곡시키는 도구가 되기 때문에 허락하지 않았던 겁니다. 두 번째로 칼빈은 교리와 맞지 않는 그림들을 경계했습니다. 예를 들어, 삼위일체를 표현할 때 왕관을 쓴 세 사람을 나란히 그린다거나 마리아를 지나치게 영광스럽게 표현한 작품들은 건강한 교리와 어긋나기 때문에 허용할 수 없었습니다. 마지막으로 칼빈은 그 시대에 살아가던 사람의 모습 그대로를 그린 그림들을 반대했습니다. 즉 예수님과 마리아를 그릴 때 당시의 중류층 사람들의 복장이나 모양 그대로 그려서 거룩한 존재들과 세속적인 인물들 사이에 차이가 없게 만든 작품들도 받아들이기 힘들다고 보았습니다.[24]

어쨌든 이런 전반적인 칼빈의 태도와 생각에 근거해서 헌트와 같은 사람이 칼빈은 문화예술 작품 전반에 대해서 적대하는 입장을 가지고 있었다고 판단하는 겁니다.

4) 칼빈의 또 다른 견해들

그러나 칼빈이 문화예술을 전적으로 거부한 것은 아니라는 견해도 만만치 않습니다. 이런 견해를 따르는 사람들은 칼빈이 다음과 같이 말한 구절에 주목합니다.

> 그러나 나는 절대로 어떤 형상도 허락되어서는 안 된다고 생각할 정도로 미신에 사로잡혀 있는 것은 아니니

다. 오히려 조각이나 회화는 하나님께서 주신 선물인 까닭에 이 둘을 순수하고 정당하게 사용하기를 나는 원합니다. 곧 하나님께서 자기의 영광과 우리의 이익을 위하여 주신 이 은사가 불합리하게 남용되거나 우리를 파멸시키는 데 악용되어서는 안 된다는 것입니다. 우리는 하나님을 어떤 가시적인 모양으로 표현하는 것은 불법이라고 생각합니다. …… 그러므로 눈에 보이는 대상물 외에는 무엇이라도 회화로 표현하든지 조각해서는 안 된다고 우리는 결론짓습니다.[25]

이 표현만을 보자면, 칼빈은 조각이나 회화 자체를 거부하고 있는 것은 아닙니다. 오히려 그것을 하나님께서 주신 선물로 인정합니다. 즉 비록 하나님을 가시적인 모양으로 표현하는 것에 대해서는 강하게 반대하지만, 눈에 보이는 대상물을 문화예술 작품으로 표현하는 것은 가능하다는 겁니다.

칼빈은 문화예술 작품을 두 가지 종류로 나눕니다. 하나는 역사적인 사건들과 연결된 것이고, 다른 하나는 역사적인 사건들과 아무 관계가 없는 형상이나 형태들입니다. 이 문맥에서도 칼빈은 예상치 못했던 말을 하는데, 그것은 역사적인 사건들과 관련된 문화예술 작품, 그러니까 성경에 나오는 역사적인 것들을 다루는 작품들은 교육과 교훈에 유익을 줄 수 있다는 겁니다. 일반적으로 그림에 교육적인 효과가 있다는 것을 강하게 거부한 것이 츠빙글리 이후 종교개혁의 중요한 강조점이었습니다. 그런데 지금 칼빈은 이와 반대되는 말을 하는 겁니다. 물론 칼빈은 당시 로마교회를 채우고 있었던 대부분의 형상물들에 대해서는 후자에 해당되는 것들, 곧 역사적인 사건과 무관한 것들이기 때문에 허용될 수 없다고 보았습니다.

이런 것들을 근거로, 칼빈은 한편으로는 우상숭배와 연결되는 문화예술, 그리고 다른 한편으로는 우상숭배와 상관없이 역사적이고 사실적인 세상을 표현하는 문화예술을 구분해서, 후자에 대해서는 금지하지 않았다고 말할 수 있습니다. 실제로 칼빈은 공적인 예배나 교회 건물에서가 아니라 개인 주택의 방이나 세속적인 장소인 호텔이나 기술자들의 사무실에 있는 그림들은 그 격이나 지위(status)가 다르다고 보았습니다. 그는 또한 자신을 그린 초상화도 허용했습니다. 멀리 있는 친구나 편지를 받는 사람들에게 그것이 전파될 수 있도록 말입니다. 이런 점에서 칼빈은 근본적으로 창조주 하나님 안에서 문화예술적 아름다움의 가능성을 발견했고, 그래서 피조세계 속에서 아름다움을 찾으려 했다고 할 수 있습니다.

> 어떤 것도 외관상 이보다 더 아름답게 상상할 수 없는 하늘의 수없는 별들의 집합을 놀라운 질서에 따라서 배치하시고 서로 조화되게 하신 그 예술가야말로 얼마나 위대한가를 우리가 생각할 때, 비로소 이 법칙의 첫 번째 부분이 예증됩니다. 그분께서는 어떤 별들은 움직이지 못하도록 위치를 고정시켜 놓으셨으며, 어떤 별들에게는 한층 더 자유로운 운행을 허용하셨습니다. …… 이상의 몇 가지 예증만으로도 우주 창조에 나타난 하나님의 권능을 아는 것이 어떤 것인가를 충분히 밝혀줍니다.[26]

칼빈은 창조주 하나님을 아는 참된 신앙을 강조하면서 하나님을 예술가로, 또한 그분의 피조세계를 아름다움을 드러내는 도구라고 말합니다. 즉 이 세상은 하나님의 영광을 볼 수 있는 극장이라는 겁니다.[27] 그렇다면 하나님의 영광을 드러내는 세상을 표현하는 문화예술을 적극적으로 장려하는 것도 좋은 것이 아닐까요? 하지만 아쉽게도 칼빈은 적극적으로 문화예술 활동을 독려하지는 않았습니다. 그것은 중세 로마교회가 그림들과 조각들, 성유물들을 통해서 하나님의 영광과 능력을 실제로 만날 수 있다고 믿었던 것이 너무나 강한 인상으로 남아있었기 때문입니다. 칼빈은 하나님께서 예술가가 되시고 창조세계의 예술성도 높이 평가했지만, 그것을 어떤 다른 방식으로 표현했을 때 생겨날 수 있는 위험성을 잘 지각하고 있었습니다. 이 점이 중세 로마교회 또는 르네상스와 다른 관점이었습니다.

이제까지의 내용을 정리해보면, 첫째, 칼빈은 우상숭배에 이르는 문화예술 작품들을 강하게 반대했습니다. 이는 중세 로마교회가 조각들, 그림들, 형상들을 통해서 하나님 또는 영적인 어떤 표지들에 직접 닿을 수 있다고 생각함으로써, 궁극적으로는 마리아와 성인들에 대한 예배도 가능하다고 믿었기 때문입니다. 둘째, 그렇지만 칼빈은 문화예술 작품 전부를 반대하지는 않았습니다. 우상숭배에 이르지 않는 역사적인 것들이나 하나님 외에 다른 것들을 표현하는 문화예술 작품은 인정했습니다. 또한 이런 것들이 하는 교훈적인 역할까지도 언급했습니다. 물론 그렇다고 해서 이를 적극적으로 부각하고 부흥시켰던 것은 아닙니다. 셋째, 그 이유는 두 가지인데, 하나는 당시 로마교회 안에 형상들이 너무나 많았고 그것들이 바른 예배에 방해가 되었기 때문이며, 다른 하나는 (아마도 칼빈이 이것을 더 강조했다고 볼 수 있는데) 성경이라는 너무나도 강력하고 분명하게 하나님을 경험할 수 있는 길이 있었기 때문입니다.

칼빈은 무엇보다 인간의 타락한 마음으로는 피조세계 안에서 하나님의 영광을 바르게 발견하지 못한다고 강조했습니다. 그는 '믿음으로 모든 세계가 하나님의 말씀으로 지어진 줄을 안다'는 말씀(히브리서 11장 3절)을 소개하면서 다음과 같이 말했습니다.

> 보이지 않는 신성이 이와 같은 거울 안에서 나타나게 되지만, 하나님의 내적 계시에 의해서 믿음으로 조명되지 않는 한, 우리는 그것을 보지 못한다는 것입니다. 그리고 하나님을 알 만한 것이 세계의 창조에서 명확하게 보였다고 말한 곳에서도 바울은 그러한 나타남을 사람의 통찰력으로 이해할 수 있다고 생각하지는 않았습니다. 오히려 인간으로서는 변명할 수 없을 뿐, 그 이상 아무것도 아님을 보여주었습니다.[28]

즉 인간의 타락한 마음은 성령님 안에서 말씀으로 새롭게 되지 않는 이상, 하나님께서 보여주시는 참된 영광과 예술 작품을 있는 그대로 볼 수 없다는 겁니다. 오직 성경에 의해서 변화된 심령을 가질 때만이 그것을 볼 수 있는 가능성이 열리게 됩니다. 또한 오직 그리스도 안에서만 진정한 아름다움을 발견할 수 있으며, 그리스도를 전하는 '들리는' 복음의 말씀만이 미적인 세계를 창조할 수 있습니다. 그래서 칼빈은 그 어떤 시각적인 문화예술보다 오직 성경만을 강조했던 겁니다. 이상하게 들릴지 모르겠지만, 칼빈은 전혀 다른 차원에서 문화예술적인 가치를 추구했다고 할 수 있습니다. 그것은, 윌리엄 더니스(William Dyrness)가 말한 대로, 성령님의 중생하시는 사역으로 말미암아 성경이 인간의 마음속에 새기는 상상력을 통해서 만들어지는 새롭고도 전혀 다른 차원의 미적 세계입니다.[29]

5) 성령님의 문화예술 작업과 그 작품인 믿음

문화예술에 대한 칼빈의 생각을 단순하게 정리할 수는 없지만, 일반적인 기준에서 보자면, 칼빈의 종교개혁에서 문화예술이 부흥했다고 말할 정도의 일들은 일어나지 않았다고 할 수 있습니다. 칼빈을 따르는 종교개혁의 중요한 도시들에서는 분명히 르네상스와 같은 광범위한 시각예술이나 건축물이 출현하지 않았습니다. 칼빈 이전에 성상이 파괴되거나 사라진 제네바의 교회들은 단순하고 수수한 모습 그대로 남았습니다. 성상들이나 그림들, 제단들 대신에 다른 종류의 문화예술 작품으로 화려하게 장식되지도 않았습니다. 다만 설교단에 오르는 계단을 수리하거나 흰색으로 벽들을 다시 칠하는 정도였을 뿐입니다.

앞서 살펴본 것처럼, 그렇다고 칼빈이 성상파괴를 종교개혁의 중요한 작업이라고 생각한 것은 아닙니다. 따라서 칼빈의 입장을 성상파괴를 찬성했는지 안 했는지와 같은 좁은 기준으로 평가할 수는 없습니다. 오히려 그가 구상한 종교개혁은 성경에 토대한 교회의 건설, 곧 올바른 가르침과 예배를 세워나가는 것이었습니다. 이런 점에서 중세에서는 볼 수 없는 새로운 차원의 상상력과 그것에 근거한 새로운 것들이 나타나기 시작했다고 할 수 있습니다. 그것이 바로 '말씀'입니다. 오직 성경(*Sola Scriptura*)입니다. 성경이 모든 것이 되었습니다. 성경은 그 자체로 성상들, 그림들과 같은 문화예술 작품은 아닙니다. 그러나 그것은 하나님과 예수님을 알게 해주고, 그것에 근거해 삶과 문화, 세상을 이해하는 상상력을 줍니다.

모든 문화예술은 세상을 '봄'(seeing)에서 시작합니다. 세상을 어떻게 보느냐에 따라 어떻게 표현하느냐가 결정됩니다. 그런 점에서 성경은 문화예술적 작업의 기초인 세상을 '바르게 보게'(right seeing) 해주는 역할을 합니다. 다시 말해 우리의 마음이 그리는 것을 따라서 그것을 표현하는 것이 문화예술의 가장 기초라고 한다면, 우리의 마음이 성경을 따라서 하나님과 세상을 이해하는 것이야말로 문화예술을 위한 바른 기초라고 볼 수 있습니다. 그래서 일반적인 시각에서는 칼빈으로부터 어떤 문화예술적인 부흥을 발견할 수는 없을지 몰라도, 오직 성경으로부터 만들어진 마음이 어떻게 외부세계를 이해하고, 또 어떻게 문화예술로 만들어 갈 것인가에 대해 새로운 기초적 이해를 제공했다는 점은 분명합니다.

칼빈은 성경과 함께, 성경을 사용해 그리스도를 증언하는 설교의 중요성을 무엇보다도 강조했습니다. 설교를 통해서 성령님께서는 그리스도 안에 있는 모든 은혜와 은사들을 죄로 가득한 심령에 쏟아 부으셔서 하나님과 세상을 바르게 알 수 있는 심령으로 만들어주십니다. 눈에 보이는 형상들이 아니라 귀로 들리는 설교가 성령님의 도구가 되어 죄인의 마음에서 새롭게 아름다움을 보고 알 수 있는 것들을 만들어내시는 겁니다.

종교개혁은 형상들과 보이는 그림들, 성례전과 같이 물

질적인 것들로 가득했던 예배를, 들리는 말씀이 중심이 되는 예배로 바꿨습니다. 즉 보이는 문화예술이 중세 로마교회의 예배에서 중심이 되었다면, 들리는 설교가 중심이 되어 예배라는 미적 가치를 만들어가는 도구가 되게 한 것이 종교개혁입니다. 따라서 이제는 성경이라는 책과 그 책이 '들리도록' 설교할 때, 성령님께서 죄인들의 마음에 만들어주시는 새로운 가능성, 곧 하나님과 세상을 바르게 '보는 것'(seeing)이 가능해진 겁니다.

성도들의 변화된 마음은 예배에서 다양한 방식의 응답으로 나타날 수 있습니다. 예를 들어, 시편을 찬양하고 신앙고백과 기도로 응답할 수 있습니다. 이같이 들리는 말씀에 대해 변화된 심령으로 응답하는 것 자체가 문화예술적 가치를 지닐 수 있습니다. 성도들의 마음에서 일어나는 들리는 말씀에 대한 응답들이 성령님에 의한 문화예술적 작업의 결과라고 한다면, 예배 자체는 이미 문화예술적인 일이 일어나는 자리가 되는 겁니다. 아니 설교를 듣는 성도들 자체가 이미 성령님께서 만드시는 문화예술 작품이 되는 겁니다.

이런 점에서 성도들의 변화된 마음은 들리는 말씀이라는 삼위 하나님의 문화예술적 작업의 창작물이라 할 수 있습니다. 즉 예배에서 그리스도인들은 삼위 하나님에 의해 미적 가치를 지닌 문화예술 작품으로 그려지는 겁니다. 나아가 이들이 세상에서 하는 모든 삶의 활동들 역시 넓은 의미에서 문화예술 작품이 됩니다. 왜냐하면 그들의 활동들로 인해 참된 하나님의 형상들과 그림들이 그려지게 되기 때문입니다. 진정으로 하나님의 영광이 나타나는 것은 예배당 건물 안에 있는 그림들, 조각들, 성유물들이 아니라, 그리스도인들이 세상에서 살아가는 예배의 삶과 활동들에서입니다.

비록 칼빈이 문화예술 자체를 거부하지 않고 오히려 그것을 인정한 측면도 있지만, 중세나 르네상스에서와 같은 광범위한 문화예술적 부흥은 일어나지 않았습니다. 아니 부흥은커녕 상당히 절제되고 소박한 차원의 사적인 영역에서만 문화예술 활동이 이루어졌습니다. 그러나 어떤 점에서는 새로운 의미의 문화예술을 향한 방향전환이 이루어졌다고 할 수 있습니다. 그것은 성경에 근거한 들리는 말씀이 중심이 되는 예배에서, 그리고 그리스도인들의 변화된 심령에서 확인됩니다. 나아가 그리스도인들의 변화된 심령이 그려가는 삶 자체가 문화예술 활동이며, 또한 예술가이신 하나님께서 창조하시는 아름다움입니다.

◈ 토론을 위한 질문 ◈

1) 칼빈은 중세 로마교회에서 사용하던 조각상과 그림에 대해 어떻게 생각했나요?

2) 칼빈은 일반적인 예술 작품에 대해 어떻게 생각했나요?

3) 종교개혁이 그림, 조각상, 상징들을 다 없애고 대신 삼위일체 하나님을 보는 방법으로 채택한 것은 무엇인가요? 또 그것이 인간의 상상력에 미친 영향력은 무엇일까요?

제3장
칼빈 이후 개혁주의의 문화예술적 감성

1) 성경, 글자 그리고 문화예술: 영국 청교도를 중심으로

개인적인 기도(교회에서 공적으로 모이는 기도회가 아닌 기도를 말한다)를 한 후 나는 잠시 집 전체를 돌아봅니다. 나의 신앙고백을 적어보고 성경을 읽고 필사합니다. 아침식사를 한 후 잠시 외출합니다. 집에 돌아와서는 기도한 직후 성경을 읽습니다. 그리고는 나의 일상적인 가사일을 돌봅니다. 점심식사 후 묵상과 개인적인 기도를 하고 잠시 설교를 공부합니다. 저녁식사를 하고 설교를 더 공부한 후, 순교자들의 책들(*Books of Martyrs*)을 읽고 잠자리에 듭니다.[30]

위의 글은 1598년 11월 24일 수요일에 기록한 영국의 청교도 여성인 마가렛 하비의 일기입니다. 그녀의 일상은 가사일을 하고, 상처가 난 하인이나 일꾼들의 상처를 싸매어 주며, 이웃을 방문하는 것이었습니다.[31] 그러면서 동시에 하루의 많은 시간을 기도하기와 성경을 읽고 필사하기, 설교문을 읽고 공부하기, 묵상하고 기록하기, 자신을 돌아보기 등으로 보냅니다. 그녀의 삶의 많은 부분이 성경이라는 책과 설교라는 청각적 요소로 이루어졌음을 알 수 있습니다. 이것들은 중세나 르네상스, 그리고 현대의 문화예술적 표현방식과는 다소 거리가 먼 것들이었습니다. 그보다는 오직 성경이라는 종교개혁의 영향력이 이렇게 조금씩 그녀를 비롯해 일반 사람들의 일상에 자리 잡기 시작한 것이었습니다. 즉 성경과 설교를 중심으로 하는 삶이 시각적인 것들보다 문자적인 것, 청각적인 것들에 집중하게 만들었으며, 시각적인 것보다 문자적인 것으로 세상을 이해하고 표현하도록 이끌었던 겁니다.

종교개혁, 특히 칼빈의 영향을 받은 지역들은 교회 건물 등에서 형상들이 사라졌지만, 일상생활에서까지 시각적인 것들이 금방 사라진 것은 아닙니다. 대표적인 경우가 성경이나 신앙서적들에서 나타나는 목판화입니다. 루터의 요리

[그림 2] 1535년에 제작된 커버데일 성경 (Coverdale Bible)의 표지

문답이나 칼빈의 『기독교 강요』(1550년판)에도 그림 장식들이 텍스트들과 함께 배치되었습니다.

이와 관련해서는 칼빈보다 조금 앞선 시기에 활동했던 한스 홀바인(Hans Holbein, 1497~1543년)이 좋은 예가 될 수 있습니다. 그는 1535년에 제작된 커버데일 성경(Coverdale Bible)의 표지 그림[32]을 그린 것으로 알려져 있습니다. 그 그림에는 여호와라는 히브리어 단어가 적혀 있고, 한쪽에는 아담과 이브가 서 있으며, 다른 편인 오른쪽에는 승리하신 예수님이 그려져 있습니다. 또한 승리하신 예수님께서 보내시는 사도들과 그들이 성령을 받는 장면도 그려져 있습니다. 그리고 "주의 말씀의 맛이 내게 어찌 그리 단지요 내 입에 꿀보다 더 다니이다"라는 시편 119편 103절의 말씀이나, "내가 복음을 부끄러워하지 아니하노니 이 복음은 모든 믿는 자에게 구원을 주시는 하나님의 능력이 됨이라"라는 로마서 1장 16절 말씀도 함께 기록해 넣었습니다.

1563년에 출판된 존 폭스(John Foxe, 1516~1587년)의 『순교자들의 책』(Actes and Monuments of matters most Memorable)[33]도 메리 여왕 때의 순교자들을 기리기 위한 목적으로 집필되었는데, 그 표지에 거짓 교회와 참된 교회를 분리해 묘사하기 위해 왼쪽으로 참된 교회와 순교자들을 그렸습니다. 또한 하늘에 있는 순교자들은 거기에서 하나님을 향해 찬양하고 있는 장면이 그려져 있습니다. 물론 그 아래 그림을 보면 화형당하는 참된 교회의 성도들이 있고, 그 아래에는 설교단에서 참 설교자의 말씀을 듣는 교회가 있습니다. 그런데 하나님이나 신적인 어떤 형상들 대신 오직 '여호와'라는 히브리어로만 하나님을 묘사한 반면, 반대쪽에는 사탄이 내려와서 이 땅에 있는 로마교회의 미사에 영향을 미치는 모습이 그려져 있습니다. 또한 로마교회의 모습은 순례의 길을 다니는 거짓 설교자에게 귀를 기울이는 그림으로 묘사했습니다.[34]

이렇듯 종교개혁의 초기에는 텍스트인 성경이나 신앙 서적들 안에 그 내용을 이해시키고 압축적으로 보여주기 위한 그림들이 함께 공존했습니다. 하지만 그 그림들은 다음과 같은 두 가지 점에서 칼빈을 따르는 개혁주의에 영향받았음을 보여줍니다. 첫째, 그 그림들은 철저하게 텍스트에 제한되어 있습니다. 즉 문자로 기록된 내용들과 역사들을 있는 그대로 표현한다는 겁니다. 이는 성경과 문자 중심이라는 종교개혁의 문화예술적 감성을 그대로 반영한 겁니다. 둘째, 그 그림들은 중세를 지배했던 성인들이 아니라 순교자들 또는 믿음의 사람들로 채워져 있습니다. 즉 숭배의 대상이 되는 성인들이 아니라 성도들이 지닌 믿음과 그 믿음의 결과로서 순교하는 믿음의 사람들이 문화예술 작품의 중심이 되었다는 겁니다. 이 또한 성경이 창조해내는 성도들의 믿음을 문화예술적으로 표현했다고 볼 수 있습니다.

그러나 이런 정도의 시각예술도 16세기 말쯤 개혁주의의 영향력이 미친 곳에서는 거의 자취를 감추게 되었습니다. 그리고 좀 더 분명하게 문자적인 형태를 띠는 문화예술적 표현들이 나타났습니다. 특히 청교도들이 그러했는데, 그들은 칼빈과 같이 하나님께서 창조하신 질서에 아름다움이 있다고 생각했습니다. 하지만 여기서 머물지 않고 한 걸음 더 나아가 죄악된 마음이 아니라 성령으로 중생한 마음이 발견하는 '진리', 곧 믿음의 눈으로 본 세상의 참된 질서에서만 아름다움을 발견할 수 있다고 생각했습니다.

그런데 이렇게 발견한 아름다움이나 또는 진리는 어떻게 표현될 수 있을까요? 청교도들은 일반적인 문화예술적 표현도구가 아니라 오직 문자라는 도구를 사용했고, 이 문자들을 하나의 체계적인 틀(예를 들어, 다이어그램과 같이)에 담아서 표현하는 방식을 채택했습니다. 페트루스 라무스(Petrus Ramus, 1515~1572년) 교수가 이런 표현방식의 선구자였습니다. 그는 파리대학에서 3대 기초 인문학 과목(*triviums*)인 논리와 수사학을 가르쳤고, 1560년대에는 캠브리지 대학에서도 가르쳤습니다. 그는 개혁주의 신앙으로 회심한 후, 영국 청교도들에게 큰 영향을 미쳤다가, 결국 성 바돌로매의 성일에 있었던 박해 때 죽임을 당했습니다. 그가 1555년에 쓴 *Dialectic*[35]은 당시에 100권이 팔릴 정도로 많은 인기를 얻었습니다. 물론 그것이 무엇을 기록한 것인지, 자연의 질서 자체를 묘사한 것인지 아니면 인간 마음의 구조를 그린 것인지에 대해서는 논란이 있습니다.[36] 하지만 하나님의 창조질서를 새롭게 된 마음으로 파악하는 것이 진리라는 것, 그리고 이 진리 속에서 참된 미적 가치를 발견하고 이를 표현했다는 점에서 이 또한 분명히 문화예술적 표현이라고 봐도 무방합니다. 다만 다음과 같은 두 가지 측면에서 독특한 면이 있다고 할 수 있습니다. 첫째는 표현의 양식이 문자와 문자들을 연결한 체계적인 틀이라는 점이고, 둘째는 단지 객관적인 실재만이 아니라 그것을 어떻게 마음이 파악했는가 하는 측면도 고려했다는 점입니다.

이런 표현 방식(다이어그램)은 청교도 신학자인 윌리엄 에임스(William Ames, 1576~1633년)의 *Technometry*('기법'이라고 번역할 수 있음)에서 두드러집니다. 에임스는 인간의 모든 지식(arts curriculum)을 하나의 다이어그램 안에 표현하고자 했습니다. 물론 여기서의 지식은 단지 지적인 것만이 아니라 하나님을 향한 삶 전체로서의 지식을 말합니다. 곧 영적, 도덕적, 지적인 면을 모두 포함하는 지식입니다. 이 같은 에임스의 표현 방식으로 그리는 세계와 그 세계에 대한 삶과 지식은 하나님의 말씀인 성경을 반영합니다. 또한 그것은 어린이들이 배우는 교리문답이나 예배에서 듣는 설교, 경건 서적에 나타난 신앙고백의 그림들과 일치합니다.

에임스는 『신학의 골격』(*Marrow of Theology*)이라는 다른 저서에서 하나님의 마음에 있었던 아이디어가 창조세계의 질서가 되는 과정이 예술가들에게서도 일어난다고 보았습니다. 그래서 그는 "모든 예술가들 혹은 작정한 후에 자신을 표현하는 모든 사람들 안에서는 그 표현 전에 아이디어가 존재합니다. 이 아이디어를 그는 마음에 두고 있습니다. 그리고 이 아이디어에 합당하도록 그는 일하기 시작합니다."라고 말했습니다. 만약 에임스가 다이어그램으로 표현했던 창조질서라는 진리를 아이디어로 가진 예술가가 있다면, 그는 단지 그 아이디어를 가지고만 있지 않고 그 아이디어에 따라서 합당하게 행동하고 일하기 시작할 겁니다. 따라서 이것이 직접적인 문화예술 작품이라는 형식으로 표현되지 않는다고 해서 문화예술적이지 않다거나 미적인 가치가 없다고 말할 수는 없습니다.

인간은 하나님의 마음에 원형으로 담겨 있던 것을 성경을 통해서 그리고 성령님의 은혜로 자신의 마음에 모형으로 간직하게 됩니다. 그리고 그 모형으로 간직한 것이 인간의 일과 삶(art)으로 퍼져나갈 때, 그것의 결과는 무엇보다 아름다울 겁니다. 왜냐하면 진리를 드러내는 것 그 자체야말로 참된 아름다움이기 때문입니다.

이 같은 에임스의 문화예술적 표현은 신대륙에 정착한 청교도들의 사상에 큰 영향을 주었습니다. 당시 핍박을 피해 신대륙으로 피난한 청교들이 정돈되지 않은 황무지를 보면서 어떤 마음을 가졌을까요? 절망했을까요? 아닙니다. 오히려 그들은 새로운 환경에서 마음을 돌이키고, 에임스가 다이어그램으로 표현했던 하나님의 창조질서를 향해 눈을 돌렸습니다. 그들의 마음은 하나님의 말씀으로 훈련받았기 때문에, 또는 성경이 그려주는 그리스도의 덕으로 무장되었기 때문에 그 황무지에서 천국을 발견하고, 무엇보다 아름다운 삶과 공동체라는 문화예술 작품을 만들어 갔습니다.

앞에서 소개한 마가렛 하비와 같이 청교도들은 성경을 중심으로 단순한 삶을 살아갔습니다. 그것은 비록 오늘날과 같은 화려한 문화예술 작품을 남기지는 않았지만, 성경을 통해 볼 수 있는 하나님의 질서를 마음에 새기고, 그 마음에서 비롯되는 창작물이자 문화예술 작품, 곧 세상의 한 부분으로 존재하며 살아가는 삶 자체를 남겼습니다. 이런 점에서 비록 중세의 그림들과 성상들, 또는 르네상스의 화려한 문화예술 작품들과 비교할 경우, 칼빈주의는 훨씬 수수하고 검소하며 단순한 것들을 남겼지만, 그렇다고 해서 진정한 아름다움이 사라져버린 것은 아니며, 또한 참된 문화예술 작업들이 파괴된 것도 아니라고 할 수 있습니다.

2) 17세기 네덜란드 풍경화

윌리엄 에임스는 1633년 네덜란드의 로테르담에서 죽었습니다. 이 시기에 네덜란드에서는 칼빈의 영향력 아래 개혁교회가 자리를 잡아가고 있었습니다. 그런데 칼빈의 영향력이 미친 다른 곳과는 달리, 이곳에서는 독특하게도 처음으로 인상적인 문화예술적 흐름이 회화에서 나타나기 시작했습니다. 그것이 바로 17세기 네덜란드의 풍경화였습니다.

17세기 네덜란드의 풍경화를 칼빈주의의 산물이라고 주장한 사람은 마르텐 더 끌레인(Maarten de Klijn)이라는 20세기 예술사가입니다. 그의 설명에 따르면, 칼빈주의는 하나님의 첫 번째 책이 성경이라면 자연은 하나님의 두 번째 책이라는 믿음을 가졌고, 따라서 자연은 신적인 질서를 반영하고 아름다움을 지녔기 때문에 연구되고 찬양되어야 한다고 보았습니다. 그런데 이런 세계관이 당시 풍경화를 그린 화가들에게 있었다는 겁니다. 또한 끌레인은 1545년에 칼빈이 쓴 『기독교 강요』에서도 동물, 집, 동네 등의 풍경은 순수하게 즐기기 위해 그릴 수 있는 주제들이라고 언급한 것에 주목합니다.[37] 그러면서 그는 17세기 전반의 풍경화를 대표하는 화가인 판 더 펠더(Esaisa van de Velde, 1587~1630년)의 <페리가 있는 풍경>[38]을 다음과 같이 감상합니다.

[그림 3] 판 더 펠더 (Esaisa van de Velde) <페리가 있는 풍경>

세부적인 부분들에 대한 관심이 없고 신화적인 것들이나 성경의 스토리를 묘사해야 한다는 관심도 없습니다. 텍스트로 된 부분들을 보충해 주어야 하는 실재에 없는 환상이나 꿈의 세계를 그리지도 않습니다. 단지 실제적인 하루하루의 삶이 나타나는 실재 세계의 종합들만 있습니다. 내적인 평안과 만족스러운 산업들로 특징지워진 실재입니다. 사람이 길을 잃었지만 복이 있고 그의 눈에 기쁨을 줍니다. 아니 더욱 중요한 것은 하나님의 은혜가 드러나는 장소를 의미할 것입니다.[39]

판 더 펠더의 그림에서처럼, 17세기 네덜란드의 풍경화에서 인상적인 부분은 하늘을 크게 그리는 겁니다. 이에 대해서는 당시 만연하던 인본주의나 신비주의, 그리고 보이는 것만을 중시하는 실증주의에 반대해서 눈에 보이는 하늘을 가장 큰 공간으로 그림으로써 보이지 않는 하나님의 위대함을 보여주려고 했다는 해석도 가능합니다. 넓고 광활한 하나님의 세계와는 반대로 인간의 세계는 유한하고 결핍되어 있음을 드러내는 겁니다.

물론 칼빈주의가 17세기 네덜란드의 풍경화에 절대적인 영향력을 미쳤다는 끌레인의 설명은 많은 반론을 일으켰습니다. 사실 이 시기 풍경화의 대표주자들인 판 더 펠더, 삐떠르 더 몰레인(Pieter de Molijn, 1595~1661년) 그리고 얀 판 호이언(Jan van Hoyen, 1596~1656년)이 살았던 할렘(Haarlem)이라는 도시에서는 고작 5%만이 칼빈주의자들이었고, 14%가 재세례파, 13%가 로마교회, 그리고 1%가 루터교인들이었습니다. 나머지 대다수는 종교가 없었거나 특정한 종파에 속해 있지 않았습니다(1620년 통계자료). 때문에 이 화가들과 칼빈주의를 직접적으로 연관시키는 것은 문제가 많다는 겁니다.[40]

그래서 어떤 사람들은 당시의 풍경화가 칼빈주의를 추종

했기 때문이 아니라 역사적인 그림이나 로마교회의 형상을 그리는 것에서 벗어나보려는 화가들이 자유롭게 상상력을 발휘할 수 있는 길이 풍경밖에 없었기 때문에 나타난 것이라고 주장합니다. 또한 여기에는 다음 세대에 대두하는 세속적인 경험주의의 감성도 묻어있다고 말하는데, 예를 들어 알퍼스(Alpers)라는 학자는 풍경화가 유행하던 때에 지도를 정밀하게 그리는 것이 유행했다는 사실에서 당시 시대가 종교적 방향성보다는 세속적 경험주의의 영향을 더 받았다고 말합니다.

한편 칼빈이 하나님의 영광이 빛나는 피조세계에 대해서 분명히 언급하는 것은 사실입니다. 자연은 하나님을 볼 수 있는 거울이요, 하나님의 영광의 거울입니다. 그러면 칼빈 이후 개혁주의의 심장이라 할 수 있는 성경은 당시의 풍경화에서 어떤 역할을 차지했을까요? 앞에서 살펴보았듯이, 성경이 마음속에 새롭게 만들어내는 상상력이라는 개혁주의 문화예술의 기본적인 토대는 당시의 풍경화와 어떻게 연결될 수 있을까요? 이에 대해서는 피떠르 더 몰레인의 그림 <오두막이 있는 풍경>(*Landscape with a Cottage*, 1629년)[41]에 대한 아담스의 설명을 통해서 살펴볼 수 있습니다. 그의 설명은 17세기 풍경화에 대한 또 다른 관점을 제시해

[그림 4] 피떠르 더 몰레인의 그림 <오두막이 있는 풍경>

줍니다. 위의 그림은 네덜란드의 북부인 프리슬란트를 배경으로 합니다. 잘 알려진 것처럼, 네덜란드는 원래 갯벌이었던 곳을 육지로 간척해서 영토를 늘렸습니다. 그래서 바다와의 싸움은 언제나 힘겹고 버거운 부담이었습니다. 이 그림에도 북해(North Sea)가 나옵니다. 작은 오두막과 언덕은 잘 만들어지고 높은 곳에 위치해 안정되어 보입니다. 그러나 풍경화의 배경은 어둡고 하늘도 구름으로 덮여 있습니다. 이런 그림에 대해 아담스는 한편으론 오두막이 상징하는 질서있는 세계의 아름다움과 안전, 그리고 다른 한편으론 바다, 어둠, 구름 등이 상징하는 구원받아야 하는 삶의 실재를 담고 있다고 분석합니다. 좀 더 확대해보자면, 하나님의 영광이 빛나고 드러나는 피조세계가 죄와 타락, 그리고 사탄의 공격과 위협 가운데 있는 실재를 동반하고 있다고 말할 수도 있습니다.[42]

이런 점에서 칼빈주의는 자연을 단지 하나님의 두 번째 책으로서만, 즉 우리의 눈이 직접적으로 그 안에서 하나님의 영광을 발견할 수 있다고만 말하지 않습니다. 성경을 통해 변화된 마음은 성경에 따라서 실재를 보는 통찰력도 가집니다. 따라서 누군가는 17세기의 풍경화를 단지 하나님의 영광이 드러나는 자연을 그렸다고 볼 수도 있겠지만, 그보다는 성경이 말하는 실재인 죄와 타락으로부터 구원받아야 하는 인간세계도 함께 그렸다고 말할 수 있어야 합니다. 칼빈주의의 온전함은 이런 균형에서 찾을 수 있습니다. 그렇다고 이것이 경험주의와 무관한 것은 결코 아닙니다. 오히려 감각적 경험만이 아니라 성경이 말하는 진리에 근거한 경험이 진정한 경험이라고 보는 겁니다.

결론적으로 17세기 네덜란드의 풍경화는 성경적, 역사적 장면만을 그리는 것을 넘어 새로운 개혁주의 문화예술의 장을 열어준 것이 사실입니다. 무엇보다도 이것은 성경을 따라 마음에 그려진 하나님의 세계에 대한 이해가 다시 풍경이라는 것에 투영되어 나타났다는 점에서 개혁주의의 영향을 분명히 보여준다고 할 수 있습니다.

렘브란트의 선생인 사무엘 판 호흐스트라텐(Samuel van Hoogestraten, 1628~1654년)은 "회화는 모든 보이는 세계가 담고 있는 모든 아이디어들과 이미지들을 다시 표현하는 과학입니다. 선과 색으로 사람의 눈을 속여서 이 작업을 하는 것입니다."라고 말했습니다. 즉 문화예술 작품으로서의 회화는 자연을 비추는 거울입니다. 그러나 객관적이고 중립적인 자연을 비추는 것이 아니라, 성경에 의해서 형성된 마음으로 바라본 자연을 비추는 겁니다.

3) 렘브란트 판 레인(Rembrandt van Rijn, 1606~1669년)

칼빈의 개혁주의 전통 위에 있는 문화예술을 언급하면서 빼놓을 수 없는 인물이 렘브란트입니다. 네덜란드에는 렘브란트 성경(Rembrandt Bijbel)도 있습니다. 이는 렘브란트의 작품과 성경의 텍스트를 같이 배열해 놓은 것인데, 결혼하는 부부에게 인기있는 선물입니다. 그만큼 렘브란트는 성경과 관련된 작품들을 많이 남겼습니다. 물론 그가 성경 이야기가 담긴 작품들만 그린 것은 아닙니다. 때문에 그가 단지 성경과 관련된 작품을 많이 남겼다고 해서 그를 개혁주의 전통의 예술가라고 할 수는 없습니다.

앞서 칼빈은 성경의 이야기를 그린 문화예술 작품에 대해서는 그 교육적 가치를 인정해 허용했다고 했습니다. 이런 점을 고려한다면, 렘브란트는 당연히 칼빈주의자라고 말할 수 있습니다. 그래서 말티는 다음과 같이 렘브란트의 개혁주의 관점을 옹호했습니다.

> 그는 이탈리아의 르네상스 운동의 이교적인 주제들을 거부했습니다. 그는 교회는 섬기면서 희곡이 공연되는 극장이 아니라 삶의 평범한 무대에서 드라마를 찾아냈습니다. 그는 성경의 이야기를 바로 그 삶의 현장에 두었습니다. 그리스도의 완전한 인성을, 그분이 낮아지신 평범한 장면들을 그렸습니다. 그리스도는 왕 중의 왕의 모습이나 형상이 아니었고, 초월적이거나 공간을 뛰어넘는 모습도 아니었습니다. 오히려 왕관보다는 가시관을 쓰신 모습이었습니다. 제자들과 함께 식사하시고 고통당하는 자들과 자신을 동일시하신 모습이었습니다. 그는 로마교회의 웅장함이 아니라 성경의 이야기를 담았습니다.[43]

이전에도 성경 이야기를 그린 그림은 많았습니다. 그러면

[그림 5] 렘브란트, <이집트로 피난가서 쉼심>

렘브란트의 그림은 어떤 점에서 개혁주의 입장을 드러내었을까요? 무엇보다 렘브란트의 그림은 예수님을 마리아의 품에 안겨 있는 아기나 그분의 높아지시고 영광스러운 실체로 그리지 않고 우리의 일상생활 안에 들어와 낮아지신 사람으로 그렸다는 겁니다. 타니스(James R. Tanis)는 1626년에 렘브란트가 그린 <이집트로 피난가서 쉼심>(*The Rest on the Flight into Egypt*)이라는 작품을 소개하는데, 르네상스의 유명한 화가였던 카라바조(Carravaggio)도 1597년에 같은 이름의 작품을 남겼기 때문에, 두 작품을 비교할 경우 렘브란트의 독특성을 잘 알 수 있다고 했습니다.[44]

렘브란트의 그림에서는 어머니 마리아가 젖을 주고 있는 장면이 중심에 있습니다. 그리고 아주 평범한 가족이 배치되었습니다. 요셉은 음식을 데우고 마리아가 먹을 수 있도록 쟁반을 받치고 있습니다. 물론 예수님도 평범한 아기로 그려졌습니다.[45] 이런 점에서, 즉 성경의 이야기를 평범한 무대 속에서 그렸다는 점에서, 그의 그림은 이전의 그림들과 분명히 구별됩니다. 렘브란트의 그림은 성경과 말씀을 중심으로 하는 개혁주의의 기초가 일상생활 속에서 일종의 성육신의 방식으로 문화예술에 정착되기 시작했음을 보여줍니다. 또한 성경과 삶의 일치를 강조하는 개혁주의를 보여줍니다. 즉 일상의 모든 것들은 단지 세속적인 것들이 아니라 심령의 변화를 받은 성도가 성경적인 상상력을 가지고 살아야 하는 일종의 미학적인 공간인 겁니다.

시몬 스케마(Simon Schema)는 렘브란트의 그림에서 또 다른 개혁주의적인 특징을 찾습니다. 그것은 렘브란트와 비슷한 시기를 살았지만, 로마교회의 입장에 충실했던 페테르 파울 루벤스(Peter Paul Rubens, 1577~1640년)와 비교할 때 잘 나타납니다. 루벤스가 그린 <십자가에 오르심>(*Elevation to the Cross*)[46]이라는 유명한 그림은 성당의 제단 위에 미사의 웅장함과 미사 중에 이루어지는 성례전이

[그림 6] 루벤스, <십자가에 오르심>

예수님의 인적 실재라는 것을 강조하기 위해서 무려 4.5m의 높이로 제작된 그림입니다.

렘브란트도 여기서 영감을 받아 <십자가에 들리심>(*The Raising of the Cross*)[47]이라는 제목의 작품을 그렸는데, 루벤스와는 전혀 다른 그림이었습니다. 우선 그것은 루벤스의 그림에 비해 4분의 1도 안 되는 크기였습니다. 또한 루벤스의 그림에서는 십자가가 중심인데 반해, 렘브란트의 그림에서는 생각하는 왕자가 중심이며 조명이 집중됩니다. 왕자는 혼자만의 묵상에 잠겨 있습니다. 그리고 루벤스의 그림에서는 모든 사람들이 예수님의 몸에 접촉해 있고, 모두가 굉장

[그림 7]
렘브란트,
<십자가에 들리심>

히 감정적이고 격정적인 모습입니다. 반면 렘브란트의 그림에서는 사람들이 모두 조용하게 묵상하며 바라봅니다. 예수님과 접촉하려고 몸부림치지도 않고 오히려 조용히 관조하면서 자신과 자신의 죄를 돌아보는 모습입니다.[48] 그런데 이런 것들에서 성경을 따라 세상과 자신의 삶을 내면적으로 묵상하는 것을 강조하는 개혁주의 신앙이 잘 표현되어 있는 겁니다.

마지막으로 윌리엄 스툽바흐가 설명한 <툴프 의사의

외과수술 수업>(*The Anatomy Lesson of Dr. Nicolas Tulp*)[49]을 봅시다. 이 그림에서는 사람의 신체, 근육, 뼈, 힘줄, 핏줄 등이 미세하게 표현되는데, 이는 인간을 창조하신 분의 세밀함과 천재성을 잘 보여줍니다. 사람의 몸에 조명이 집중되고 사람들의 시선도 그쪽을 향해 있습니다. 이는 하나님의 위대하심을 신체에 대한 조명을 통해서 드러내는 겁니다. 그러나 가장 주목해야 할 부분은 제일 위에 있으면서 뒷면의 어둠 속에 있는 인물입니다. 그는 어둠 속에서 손가락으로 시체를 가리키는데, 이것은 누구에게나 찾아오는 죽음을 인식하라는 것이며, 이로써 인간에 대한 지식, 곧 죽

[그림 7] 렘브란트, <툴프 의사의 외과수술 수업>

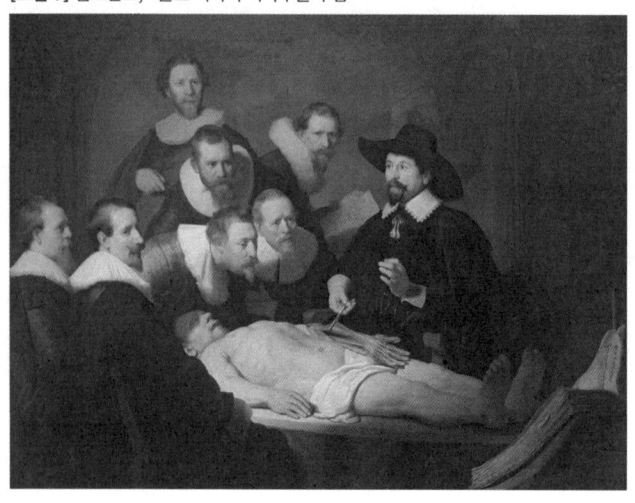

을 수밖에 없는 인간의 길과 그 유한성을 부각하는 겁니다. 이는 칼빈의 『기독교 강요』의 시작을 생각나게 해 주는 것이기도 합니다. 즉 하나님을 아는 지식과 인간을 아는 지식은 분리될 수 없으며, 인간은 하나님 앞에서 죽을 수밖에 없는 죄인이기에 겸손히 자기를 돌아보는 지식을 가져야 한다는 점을 확인할 수 있는 겁니다.

이상에서 소개한 렘브란트의 세 가지 그림은 성경이 중심이 된 상상력이 지닌 세 가지의 다양성을 보여줍니다. 첫째는 성경의 이야기는 우리의 일상생활 속에서 재해석되고 드러나야 한다는 겁니다. 즉 성경과 설교를 통해서 변화된 심령이 성경의 진리 안에서 열어가는 일상은 성경의 이야기와 분리되어서는 안 된다는 개혁주의의 기초적인 문화예술적 관점을 보여줍니다. 둘째는 말씀을 묵상하면서 자신이 죄인임을 돌아보는 내면화된 신앙의 모습이 강조된다는 겁니다. 이것은 외적인 성경과 설교는 내적인 믿음과 신앙고백과 일치해야 한다는 개혁주의의 중요한 축입니다. 마지막으로는 인간 스스로를 아는 지식이 하나님을 아는 지식에도 매우 결정적이라는 겁니다. 특히 죄와 죽음, 비참함이 인간의 실체임을 아는 지식은 하나님의 구원과 그리스도 안에서의 사랑을 열망하게 되는 우리의 삶의 중요한 실재입니다.

그래서 죄에 대한 강조는 로마교회와 구별되는 개혁주의의 중요한 신앙고백이라 할 수 있습니다. 우리의 유일한 위로인 예수님을 알고, 그럼으로써 복된 인생으로 살기 위해서 가장 먼저 알아야 하는 것이 자신의 죄와 비참함이 얼마나 큰가 하는 겁니다(하이델베르크 요리문답 2문답). 이런 점에서 인간의 화려함과 탁월함보다 죽음을 직시하라는 렘브란트의 메시지는 개혁주의 신앙의 특성을 잘 보여준다고 할 수 있습니다.

4) 프랑스 위그노 건축가들

이제 종교개혁, 특히 칼빈을 따르는 개혁신앙이 건축에 어떤 영향을 주었는가를 살펴봅시다. 건축 역시 지금까지 다룬 시각적인 문화예술 작품들처럼 시각적인 성격을 가지지만, 동시에 '공간'을 어떻게 이해하는가의 문제와도 긴밀하게 연결되어 있습니다.

종교개혁 이전의 중세에서 공간에 대한 이해는 주로 교회 건물을 중심으로 이루어졌습니다. 교회 건물은 그 자체로 거룩한 곳이지만, 그 밖의 다른 공간은 모두 세속적인 공간으로서 철저하게 분리했습니다. 따라서 교회 건물 밖의 공간에 대해서는 깊이 관심을 갖지 않았습니다. 앞서『장미의 이름』이라는 책에서 묘사된 수도원의 건물에 있는 창문, 문, 기둥, 대들보 등은 모두 신적인 것들을 상징하기 위해서 배치되었다고 잠시 언급했습니다. 즉 예배당 건물 자체가 하나님 안에 있는 것들, 나아가 하나님 자신을 나타내야 한다는 것이 당시 사람들의 신념이었습니다. 여기에는 비단 건물 외부의 상징만이 아니라 건물 내부의 공간의 배치도 포함되었습니다.

가운데에 우리는 왕좌를 봅니다. 그 보좌에 하나님이 앉아계십니다. 바로 그 하나님을 주교가 대신해서 서 있게 됩니다. 그리고 24장로들인 사제들이 반원으로 둘러쌉니다. 양쪽에 열둘씩 반원으로 둘러쌉니다(요한계시록 4장 2,4절). 그리고 수정과 같은 유리와 같이 빛나는 길(요한계시록 4장 6절, 유리바다)이 그 앞에 놓입니다(이것은 모자이크로 표현되었습니다). 바로 이 중심에 제단이 있습니다(요한계시록 4장 6절). 이 제단의 양쪽으로 144,000 표지와 인 받은 자들(교회 건물 안에 가득 차 있는 성인들의 그림, 성상, 성유물들)이 새로운 노래를 부르고 있습니다(요한계시록 14장 1~3절).[50]

중세 로마교회는 로마시대의 상업, 법정 혹은 관공서의 건축양식인 바실리카 구조[51]를 그대로 이어받았지만, 그 내용은 완전히 바꾸었습니다. 무엇보다 요한계시록에 묘사된 하늘의 실상을 그대로 재현하려고 노력했습니다. 교회 건물은 거룩한 장소요, 하나님께서 임재하시기 때문에 그분의 현존을 직접 만나는 곳입니다. 이 건물에 들어오는 순간 성경의 사건이 실재로 다가와야 합니다. 특별히 제단을 향해 나가는 길의 양쪽 복도는 그리스도의 고난이나 성인들의 순교들을 기억나게 함으로써 마음의 묵상을 자아내야 합니다.

칼빈을 따르는 개혁교회는 대부분 기존에 있던 로마교회의 건물을 그대로 이어받아 사용했습니다. 칼빈이 목회했던 제네바나 스위스, 그의 조국교회인 프랑스에서 개혁성도들이 독자적인 교회 건물을 짓기 시작한 것은 18세기가 되어서입니다. 예를 들어, 1726년에 베른에서, 1706년에 취리히에서(베드로 교회), 1715년 제네바의 퓨스티히(de la Fusterie)에서, 1857년 바젤에서(엘리사벳 교회) 독자적인 스위스 개혁교회의 건축물들이 들어섰습니다. 1667년 보(Vaud) 지방의 쉔느-빠끼에(Chêne-Paquier)의 교회가 가장 이른 개혁교회의 건물이었습니다. 이 건물은 타원형에 둥근 지붕을, 그리고 그 위에 작은 사각탑을 얹은 형태입니다.

칼빈의 조국인 프랑스에서는 이보다 상황이 더 열악했습니다. 전체적으로 위그노들에 대한 핍박이 지속되었습니다. 가끔 약간의 신앙의 자유가 주어질 뿐이었습니다. 1563년이 되어서야 일종의 평화기가 도래했고, 1570년에는 비로소 파리 근교의 코뮌(commune)인 생제르망앙레(Saint-Germain-en-Laye)에서 위그노들이 자유를 얻고 도시 전체를 차지했습니다. 1598년에 앙리 4세는 낭트 칙령을 통해서 위그노들이 신앙에 대한 양심의 자유를 얻고 대학과 주요도시에서 살 수 있도록 허용했습니다. 하지만 그 가운데서도 핍박은 지속되었습니다. 급기야 1680년에는 루이 14세가 위그노들을 모든 공적인 자리에서 몰아내고 직업의 자유도 박탈했습니다. 1685년에는 낭트 칙령까지 무효라고 선언했습니다. 그래서 비교적 평화기였던 1563년 이후에만 잠시 위그노들의 교회 건축이 허용되었을 뿐입니다. 다만 도시 밖에서만 허용되었기 때문에 위그노들은 예배를 위해서 도시의 삶을 포기해야만 했습니다.

개혁신앙의 성도들은 독자적인 삶의 영역보다는 강력한 로마교회적인 제국에서 생활하고 직업을 가져야 했습니다. 즉 신앙은 개혁주의를 따랐지만, 삶은 로마교회를 따르는 사회에서 살아야 했습니다. 여기에는 건축가들도 포함되는

데, 위그노 건축가들이 지은 대표적인 건축물들로는 룩셈부르크 궁궐과 개축한 루브르 박물관 건물, 그리고 파리에 지어진 로마교회 건물들입니다. 비록 이런 건축물들에서 독자적인 어떤 양식을 볼 수 있는 것은 아니지만, 개혁주의 신앙의 영향력은 충분히 엿볼 수 있습니다.

특히 팔리에르 드 로름(Philibert de l'Orme, 1514~1570년)은 이탈리아의 세를리오(Serlio)에게서 르네상스 건축양식을 배웠지만, 개혁주의 신앙을 가진 건축가였습니다. 그는 건축업에 종사했을 뿐만 아니라 건축에 관한 중요한 저작까지 남긴 인물입니다. 그가 남긴 저서에는 프랑스 신앙고백의 메아리가 울려 퍼지는 내용들로 가득합니다. 그는 아래와 같이 하나님의 섭리에 관해 분명한 확신을 지녔습니다.

> 그 어떤 것도 하나님의 섭리에서 벗어나는 일이 일어나지 않음을 고백하면서 우리는 우리에게는 알려지지 않은 비밀에 대해서는 겸손하게 무릎을 꿇어야 합니다. 그런 것들을 캐묻기보다는 우리의 이해를 넘어서는 것에 대해서는 너무 깊이 묻지 않아야 합니다. 그러나 우리의 평안과 안전을 위해서 하나님께서 성경에 가르쳐 주신 것에 대해서는 철저하게 사용해야 합니다. 모든 만물이 복종

하는 하나님께서 우리를 아버지가 돌보듯 돌보시기 때문입니다. 머리카락 하나도 그분의 뜻이 아니고는 떨어지지 않습니다. 그분께서 사탄의 힘을 제어하여서 우리를 해치지 않도록 해 주시고 우리를 떠나지 않으십니다.[52]

그는 개인적인 신앙에서 성경과 하나님의 섭리에 대한 분명한 확신을 명확하게 고백했습니다. 개인적인 신앙뿐만 아니라 건축에 대한 그의 생각에도 개혁주의 신앙이 반영되어 있습니다. 즉 그는 물리적인 교회 건물이 하나님을 예배하기 위해서 필요하지 않다고 주장했습니다. 특히 그는 엄숙하고 냉철하며 단순하고 이성적인 반향을 일으키는 장식을 더 선호했습니다. 그는 장식 자체에 가치를 두지 않았습니다. 이런 생각들은 종교개혁과 더 공명되는 코드입니다. 성경구절 자체를 인용하는 양식도 적극적으로 선택했는데, 이는 후에 개혁교회 건축에도 많은 영감을 줍니다.

나는 항상 무엇이 건축물 그 자체에 더 나은가 하는 길을 선택해 왔습니다. 반대로 어떻게 벽이나 건물의 다른 장식을 하거나 화려한 장식물들을 배치할 것인가를 아는 것은 훨씬 덜 중요합니다. 명백히 알아야 하는 것은 사람의 건강과 사람들을 어떻게 보존할 것인가 그리고 그들의 소유를 잘 보호하는 것에 있습니다. 아주 값비싼 건물들이 뛰어난 장식을 가진 기둥, 대들보, 창틀 등에만 관심을 집중시키는 것을 봅니다. 그것보다 더 중요한 것은 건물들의 위치, 상황, 본질을 이해하는 것입니다.[53]

그는 사람을 중심으로 하는 건축의 실용성이 중세 로마교회의 건축에서 중심을 차지했던 장식들보다 더 중요하다는 견해를 표현했습니다. 그가 가진 건축에 대한 이런 생각들은 룩셈부르크 궁전을 건축했던 드 브로스(Salomon de Brosse, 1565~1626년)에게 그대로 이어졌습니다. 그가 지은 궁전은 17세기의 가장 위대한 건축물로 알려졌습니다. 이에 반해 드 로름은 건축가였지만 직접 교회 건물을 짓거나 하지는 못했습니다. 하지만 그는 이 시기의 칼빈주의 건축가들이 로마교회가 지배하는 프랑스 사회에서 어떻게 그들의 신앙을 지키고, 어떻게 그 신앙에 합당한 관점을 제시했는지를 알게 해줍니다.

개혁주의 건축은 더 이상 교회 건물 자체를 하나님의 표지와 상징이 가득한 곳, 거룩한 곳, 하나님의 임재가 있는 곳으로 보지 않았습니다. 건물 안에 있는 구조, 장식들, 제단,

그림들이 신적인 실재를 담고 있어야 한다고 생각하지도 않았습니다. 그보다 하나님께서 만드시는 공간은 하나님의 말씀이 선포되어 거룩하게 되는 하나님의 백성들의 공동체라고 보았습니다. 즉 말씀이 있는 곳인 교회가 하나님께서 임재하시는 신적인 공간입니다. 제단이 있고 십자가로 장식된 공간이 아니라 교회 자체가 그리스도의 몸으로서의 공간인 겁니다. 또한 성례는 그림들과 분할된 공간들을 대신해서 하나님에 대한 모든 기억과 구원역사를 압축하는 새로운 공간입니다. 따라서 교회 건물은 이 성도들이 예배하기에 합당하느냐는 실용적인 관점에 초점이 맞춰졌습니다. 교회 건물은 엄숙하고 단순하며 이성적인 성격을 가져야 합니다. 어떤 스타일과 구조로 지어져야 한다기보다 과장이 없고 예배를 위해 합당하게 쓰일 수 있어야 합니다.

칼빈이 목회했던 제네바의 성 삐에르(St. Pierre) 교회의 내부가 1535년을 기준으로 그 전과 후에 어떻게 변화되었는지를 살피면 이런 생각들을 잘 볼 수 있습니다. 먼저 설교단이 건물의 가장 앞부분, 곧 반원형의 제실과 십자형이 교차하는 곳이자 성도들이 모이는 중심에 자리했습니다. 그와 달리 사제들의 자리는 사라졌습니다. 모든 성도가 다 제사장이기 때문이었습니다. 제단과 가장 앞쪽인 주교좌까지 모두 성도들이 앉는 의자들로 가득했습니다. 법궤와 법궤를 덮은 덮개도 사라졌습니다. 설교단과 성례상 그리고 성도들을 위한 의자들 외에는 모두 사라졌습니다. 심지어 스테인드글라스도 모두 제거되고 벽은 흰색으로 칠해졌습니다. 사제와 귀족 등에게 배정되었던 좌석 배치도 사라지고, 모든 일반 예배자들에게 좌석이 똑같이 주어졌습니다. 설교단 장식은 계단과 윗부분에서 이루어졌고, 가끔 의자를 고치거나 배치를 다르게 하기도 했습니다.

교회 건물은 주일과 주중에 있는 예배뿐만 아니라 목사회나 다른 가르침과 모임을 위해서도 사용되었습니다. 그러나 칼빈은 이런 경우들 외에는 교회 건물의 문을 잠그도록 했습니다. 이는 미신적인 이유로 사람들이 들어와서 마치 이곳을 거룩한 곳으로 여기는 중세 로마교회의 풍습을 이어가지 못하도록 하기 위해서였습니다. 교회 건물은 거룩한 곳이 아니기 때문에 그곳에서 어떤 미신적인 행위들이나 공간 자체를 경배하는 풍습들이 일어나지 못하도록 했습니다. 설교를 듣고 순종하는 믿음의 공동체, 하나님의 말씀을 가르치고 양육받는 것만이 하나님의 거룩한 공간입니다. 더구나 칼빈은 교회 건물이 아니라 일상적인 삶에서도 거룩이 이루어지길 희망했습니다. 이렇듯 성도의 삶 자체가 하나님의 공간이라고 믿었기 때문에, 교회의 예배, 가르침, 회합 외에는 교회 건물을 열어두지 않았습니다. [54]

◈ 토론을 위한 질문 ◈

1) 오직 성경, 들리는 설교 중심의 개혁주의가 성도의 삶과 마음에 만든 변화를 마가렛 하비의 일기를 바탕으로 설명할 수 있을까요? 또 그것을 지금 우리에게 적용한다면 어떨까요?

2) 개혁주의의 영향이 있는 곳에서 풍경화가 나타난 이유는 무엇이고, 또 풍경화에 담긴 다양한 개혁주의적 의미들은 무엇인가요?

3) 렘브란트의 그림과 로마교회나 르네상스의 그림을 비교해 볼 때, 어떤 점에서 개혁주의의 영향을 발견할 수 있나요?

4) 개혁주의 건축의 특징을 위그노들의 건축 철학을 중심으로 정리해봅시다.

나가면서

오늘날 우리에게 문화예술은 가깝고도 먼 존재가 되었습니다. 대중문화예술은 우리의 삶의 모든 순간과 공간에 깊이 들어와 있습니다. 대중가요, 춤, 영화, 디자인 같은 문화예술은 이미 우리의 일상의 삶에 큰 영향을 미칩니다. 나아가 이런 부분이 현대 기술문명과 결합하거나 아니면 독자적으로 엄청난 부를 창출하는 수단이 되고 있습니다. 평범한 사람들이 즐기는 측면에서만이 아니라 사회적 생산력을 만들어내는 원천이 되어 가고 있습니다. 이에 반해 고급 예술은 일반적인 사람들에게는 너무나 멀리 떨어졌습니다. 예술가들만의 고유한 담을 쌓고 그들만의 고유한 담론과 미적 가치로 무장함으로써 일반인들은 도무지 다가갈 수 없는 존재가 되어 버렸습니다. 순수 미술과 음악은 웬만한 전문가에게만 이해되는 코드로 무장했으며, 소수의 감상자들만이 향유할 수 있는 특권이 되었습니다.

이같이 오늘날 문화예술은 다양화와 전문화, 세분화로 인해 더 이상 문화예술적 가치가 무엇이라고 말하기가 어려워졌습니다. 즉 한쪽에서는 누구나 자신만의 독특한 심미적 취향대로 즐기면 된다는 상대주의가 만연한 반면, 다른 한쪽에서는 전문화된 심미적 지식을 갖추지 않으면 감히 어떤 평가도 할 수 없다는 엄격한 이론적 잣대도 존재합니다. 그러나 이런 가운데서도 여전히 각광받는 하나의 문화예술적 가치가 있다면, 그것은 창의성이라고 할 수 있습니다. 그런데 이 창의성은 이 세상에 존재하는 것을 그대로 반영하거나 수동적으로 수용하는 것이 아니라, 인간의 자율적인 상상력을 통해서 존재하지 않는 것을 창조해내는 것을 말합니다. 더군다나 오늘날 사회경제적인 부의 창출이 이런 창의적인 상상력을 첨단기술에 응용하는 일에 더 집중되면서 창의성은 거의 숭배의 대상에 이르렀습니다. 여기에 마이크로소프트의 빌 게이츠나 애플의 스티브 잡스, 페이스북의 주커버그의 성공신화가 이런 창의적인 상상력에 대한 전 세계적인 열풍을 불러일으켰습니다.

그러면 개혁주의는 오늘날 각광받는 이런 창의성의 측면에서 어떤 의미를 가질 수 있을까요? 엄격하고 절제된, 그리고 수수함으로 무장한 개혁주의의 미적 감각은 단지 창의적인 상상력을 억누르는 것일 뿐일까요? 오직 성경이라는 문자중심주의와 하나님의 복음의 설교라는 들리는 것에 집중하는 것은 압도적이고 다양한 문화예술적 표현과 비교할 때, 너무나 앙상하고 무미건조한 의미만을 남겨 놓는 것은 아닐까요?

이 소책자에서는 이런 질문들에 대해 성경과 복음을 들음에서 출발한 개혁주의의 상상력과 창의성의 가능성을 찾아보고자 했습니다. 먼저 개혁주의자들은 하나님께서 만드신 피조세계에서 직접 하나님의 영광을 볼 수 있다는 심미적인 낙관주의자들이 아니었습니다. 그보다 그들은 성령과 성경으로 변화된 심령을 새로운 상상력의 토대이자 출발점으로 생각했습니다. 즉 자연적인 본성에서가 아니라, 성경 또는 복음을 따라 세상을 보고(seeing) 그것을 근거로 살아가는 삶 자체에서 아름다움을 추구하는, 새로운 심미적인 세계를 구축하였던 겁니다.

이런 점에서 오늘날 그리스도인들의 상상력과 창의성은 세상의 것과 구별되어야만 합니다. 즉 그것은 오늘날 대중화된 문화예술의 현상을 단편적으로 모방하거나 고급 예술의 미적 기준을 단순히 추종하는 것에서 나오는 것이 아니라, 복음을 듣는 것과 문자로 된 성경을 읽는 것을 통해 우리의 심령이 하나님의 창의적인 문화예술 작품으로 훈련되는 것에서 나와야 합니다. 여기에 성령님의 역동적인 일하심이 있고, 그 일하심의 결과인 한 사람의 심령이 다양한 심미적 가치들과 경쟁하면서 긴장감을 가지고 만드는 모든 삶과 활동 자체가 가장 아름다운 문화예술적 가치를 지니게 되는 겁니다.

한 가지 주의할 것은 그리스도인 예술가는 심령의 믿음과 문화예술적 활동이 분리되는 경향을 따라가서는 안 된다는 겁니다. 월터스토프가 "예술은 그의 삶의 일부이다."[55]라고 말한 것같이, 그리스도인으로서 문화예술을 접하는 사람들은 성경으로 훈련된 자기 마음의 상상력의 지도를 잘 따라갈 수 있어야 합니다. 동시에 그리스도인이 가져야 하는 상상력에 부합한 문화예술 작품이 무엇인지 잘 분별해야 합니다. 그것이 대중문화예술이건 전문적이고 고급적인 문화예술이건 간에 철저하게 성령님의 다스림 속에 있는 심령으로 심미적 가치를 평가해야 합니다. 그리고 무엇보다 먼저 자신의 삶에서 진정한 아름다움을 발견하고, 자신의 일상이 하나님의 문화예술 작품이 되도록 최선을 다해야 합니다.

넓은 의미에서는 우리의 일과 노동이 모두 문화입니다. 때문에 첫 사람 아담에게는 문화가 곧 예배였습니다. 우리가 천국에서 누리게 될 삶도 하나님을 경배하는 일입니다. 그 가운데서 우리는 문화예술을 즐기고 누리게 될 겁니다. 그러므로 지금 여기 우리의 일상에서 성령님께서 끊임없이 변화시키시는 심령으로부터 출발하는 삶을 살아갈 때, 문화예술을 접하고 누리는 그리스도인들의 심미적 가치도 건강하게 될 겁니다.

주(註)

1) 로버트 D. 크누센 지음, 스탠포드 리드 편집, 「문화적 세력으로서의 칼빈주의」(『칼빈이 서양에 끼친 영향』, 크리스챤 다이제스트, 2001), 15쪽.

2) http://collectie.boijmans.nl/en/object/2821/Portret-van-een-jonge-scholier/Jan-van-Scorel

3) http://www.rembrandthuis.nl/nl/rembrandt/rembrandt-de-kunstenaar/belangrijkste-werkent/itus-aan-zijn-lezenaar/

4) Willem L. Meijer, Kunst en Revolutie (Goes: Oosterbaan & Le Cointre B.V., 1976), pp.16-22.

5) 니콜라스 월터스토프 지음, 신국원 옮김, 『행동하는 예술』(IVP, 2010), 132쪽.

6) Immanuel Kant, *Critique of the Power of Judgment*, ed. Paul Guyer (Cambridge University Press. 2000).

7) 테아 반 할세마, 강변교회 청소년학교 도서위원회 옮김, 『이 사람 존 칼빈』(성약, 2007), 15~16쪽.

8) William A. Dyrness, *Reformed Theology and Visual Culture: the Protestant Imagination from Clavin to Eduwards*(Cambridge: Cambridge University Press, 2004), p.17.

9) 아우구스티누스, 『그리스도교 교양』(서울: 분도출판사, 1989), 77쪽.

10) 아우구스티누스, 앞의 책, 275쪽.

11) 성영은 지음, 『케플러, 신앙의 빛으로 우주의 신비를 밝히다』(성약, 2011), 14~16쪽.

12) Thoams Aquinas, *summa theologicae*(ST) part I, Que 1. art.9.

13) William A. Dyrness, *Reformed Theology and Visual Culture*, p.20에서 재인용.

14) Miri Luben, *Corpus Christi: The Eucharist in Late Medieval Culture*(Cambridge: Cambridge University Press, 1991), p.10.

15) 이광주 지음, 『대학의 역사』(살림지식총서 317, 살림, 2008), 20~23쪽.

16) ST. Bernardino of Siena의 말이다. Dyrness, 앞의 책, p.30에서 재인용.

17) 빌렘 판 엇 스페이커르 지음, 박태현 옮김, 『칼빈의 생애와 신학』(부흥과 개혁사, 2009), 87쪽.

18) 칼빈은 문화예술 작품처럼 가시적으로 표현된 것을 두 가지로

구분합니다. 그중에서 성경에 나와 있는 것이나 실재했던 역사적인 사건들과 관련없는 형상이나 형태가 있는데, 그것은 단지 쾌락과 즐거움만을 위한 것이라고 보고 있습니다. John Calvin, *Institutes*, I, 11. 12.

19) Percy A. Scholes, *The Puritans and Music in England and New England*(New York: Russell and Russell, 1962), 334.

20) John Calvin, *Institutes*, I, 11. 6.

21) 같은 책, I, 11. 8.

22) 같은 책, I, 11. 9.

23) 같은 책, I, 12. 2.

24) Karl, A. Plank, "Of Unity and Distinction: An Exploration of the Theology of John Calvin with Respect to the Christian Stance towards Art"(*Calvin Theological Journal 13*, 1978), pp.18-19.

25) John Calvin, 앞의 책, I, 11. 12.

26) 같은 책, I, 14. 21.

27) 같은 책, I, 6. 2.

28) 같은 책, I, 5. 14.

29) Dyrness, 앞의 책, p.81.

30) Lady Margaret Hoby, *Diary of Lady Margaret Hoby: 1599-1605*, ed. Dorothy M. Meads(London: George Routledge & Sons, 1930), p.79.

31) 같은 책, p.90.

32) https://en.wikipedia.org/wiki/File:The_Holy_Scripture_(Myles_Coverdale).djvu

33) http://lollardsociety.org/pdfs/Acts_and_Monuments_vol1.pdf

34) Dyrness, 앞의 책, pp.101-102.

35) http://www.scottbot.net/HIAL/index.html@p=39166.html

36) Dyrness, 앞의 책, p.131.

37) Maarten de Klijn, *de invloed van van het calvinisme op het Noord-Nederlandse landscahpschilderkust*(Apeldoorn: Willen de Zwijgerstichting, 1982), p.32.

38) https://www.google.co.kr/search?q=landscape+with+a+f

erry&newwindow=1&biw=1680&bih=882&tbm=isch&im
gil=IvaaKq7MtnGhYM%253A%253B8xITKN8UFaQriM%
253Bhttp%25253A%25252F%25252Fwww.nga.gov%25252
Fcontent%25252Fngaweb%25252FCollection%25252Fart-
objectpage. 139458.html&source=iu&pf=m&fir=IvaaKq7M
tnGhYM%253A%252C8xITKN8UFaQriM%252C_&usg=_
ODqBFf2M1xcr9YrWc-rwds3dJTo%3D&ved=0ahUKEwjaiN
nQm8vPAhXIHpQKHbHLBZUQyjcIJQ&ei=euf4V9rjI8i9OA
Sxl5eoCQ#imgrc=IvaaKq7MtnGhYM%3A

39) Maarten de Klijn, 앞의 책, p.53.

40) Reindert L. Falkenburg, "Calvinism and the Emegence of Dutch Seventeenth-Century Landscape Art"(*Seeing beyond the word,* ed. by Paul Coby Finney, Grand Rapids: Eerdamans, 1999), p.360.

41) http://www.metmuseum.org/toah/works-of-art/95.7/

42) Dyrness, 앞의 책, p.202.

43) Martin E. Marty, *Protestantism*(New York: Holt, Rinehart and Winston, 1972), p.236.

44) https://en.wikipedia.org/wiki/Rest_on_the_Flight_into_Egypt_(Caravaggio)

45) James R. Tanis, "Netherlands Reformed Traditions in the

Graphic Arts, 1550-1630"(*Seeing beyond the word*, ed. by Paul Coby Finney, Grand Rapids: Eerdamans, 1999), p.395.

46) https://en.wikipedia.org/wiki/The_Elevation_of_the_Cross_(Rubens)#/media/File:Peter_Paul_Rubens_-_Raising_of_the_Cross_-_1610.jpg

47) https://en.wikipedia.org/wiki/The_Raising_of_the_Cross#/media/File:Rembrandt_Harmensz._van_Rijn_073.jpg

48) Simon Schama, *Rembrandt's Eyes*(NewYork: Knopf, 1999), pp.291-294.

49) https://en.wikipedia.org/wiki/The_Anatomy_Lesson_of_Dr._Nicolaes_Tulp#/media/File:Rembrandt_Harmensz._van_Rijn_007.jpg

51) Herbert Lucas, "Ecclesiastical Architecture"(*The New Catholic Encyclopedia*, 2nd edition, Gale, 2002).

52) Randal C. Working, *the Visual Theology of the Huguenots*(Eugene: Pickwick Publications, 2016), p.131.

53) 같은 책, p.135.

54) 같은 책, p.162.

55) 월터스토프, 앞의 책, 358쪽.

참고문헌

니콜라스 월터스토프 지음, 신국원 옮김, 『행동하는 예술』, IVP, 2010.

아브라함 카이퍼 지음, 김기찬 옮김, 『칼빈주의 강연』, 크리스챤다이제스트, 2002.

한스 로크마커 지음, 김유리 옮김, 『현대예술과 문화의 죽음』, IVP, 1998.

김재윤 지음, 『개혁주의 문화관』, SFC, 2015.

Randal C. Working, *the Visual Theology of the Huguenots*, Eugene: Pickwick Publications, 2016.